Change & Transform

想 改 變 世 界 · 先 改 變 自 己

Change & Transform

想改變世界・先改變自己

從負債2000萬到心想事成每一天

15個實現願望的口頭禪，符合宇宙法則、越說越好運！

日本人氣心靈教練╳能量手環設計師
小池浩 Koike Hiroshi 著
林佩瑾 譯

【推薦序】

一起來成爲宇宙法則的最佳實踐者

如果你想在好好連結「宇宙」或「老天」，提前創造你的好運，應該先來閱讀並且好好練習書中所提示的方式。如果你跟我一樣，或是期待跟我一樣，一路走來始終是宇宙法則的最佳實踐者，必定會對書中故事會心一笑、滿滿共鳴。

很開心這本書的出版，因爲書中所提與我不斷在提倡的「心想事成的祕密」非常契合。舉例來說，就像我一直在提醒同學的，「言語」是顯化的一種，它是彰顯好結果的前身，所以好好說話更爲重要，當你所講出負面的話時，哪怕只是口頭禪，都會在我們的生活不斷牽扯著「那些字句」，不斷提醒負面的可能性，好像跟宇宙下「負面」的訂單一樣。

正面語詞，對於內在的肯定態度和外在的顯化是非常重要的。

我非常推薦這本書，透過15個口頭禪練習，即可讓心理調整在隨心所欲的狀態，是本非讀不可的好書。

安一心，華人網路心靈電台共同創辦人

【推薦語】

Mind matters！只有極少數人才懂得，每一剎那的念頭，就是致富的關鍵；管理好念頭，才能管理好財富。

十方（李雅雯），理財暢銷作家

人們常說舉頭三尺有神明，這個神會因著你的信仰長得不一樣，有的人信耶穌，所以就會長得像一個長髮帥哥的臉，有的人信菩薩，就會出現一個菩薩臉。這本書的作者信的是宇宙先生，長得卻像顆氣球。在某一日，作者覺得人生絕望欠債高達兩千萬（日圓）時，從蓮蓬頭滾了出來，並開始說起人生大道理，而這些道理幫助作者重新站了起來甚至還完負債。宇宙先生的方法就是「你會成爲你所相信的」，你的口頭禪就是願望開關，最後你會按著你相信的成就人生。所以，你想改變人生嗎？快來找這本書的宇宙先生下訂單吧！

鄭俊德，閱讀人社群主編

【譯者序】

讓自己與他人、世界甚至整個宇宙產生連結的能量之書

前陣子我非常沉迷於小島秀夫的《死亡擱淺》，這是藉由送貨來將冰冷、疏離的人心連結起來的感人電玩遊戲，引起網友廣大迴響。在這充滿負能量的網路世代，我們似乎將自己隔離了起來，但是本書所教的一天說五百次「謝謝，我愛你」，卻能神奇淨化心中的負能量，讓自己與他人、世界甚至整個宇宙產生連結（更多妙招請詳閱內文！）。譯者也是孤軍奮戰的行業，因此本書令我獲益良多，在此也要向李茲文化主編碧娟說：「謝謝！我愛你！」還有拿起本書的讀者，「謝謝！我愛你！」（手比愛心）

林佩瑾

「別放棄。別放棄。」

深陷人生低潮時，
我跟那個一臉囂張的虐待狂重逢了。

十二年前的我，
差點被自己的夢想壓垮。

我存了七年的錢，
在故鄉開了一間夢寐以求的服飾店。
夢想成真了，商品卻賣不出去，無人上門。
但是，我沒有勇氣把店收起來，
甚至不惜借錢來維持這個夢想。
起初我只向銀行借錢，
但借的錢很快就不夠，只好借起消費信貸。
最後，甚至連萬萬不能碰的高利貸都借了。
後來，

回過神來，我居然負債超過兩千萬日圓。

我找過好幾個律師，
但他們只說：「你只能宣告破產了。」
每個人都放棄了我。沒錯，連我都放棄了自己。

朋友跟伴侶都離我遠去，我陷入了前所未有的人生低潮。
不管是開車或上廁所，
眼淚都不爭氣地一顆顆掉下來。
當時，我甚至心想「乾脆死了算了」，
可是擔保人是我爸媽，
因此我連死都辦不到。

我不知道該怎麼辦，
那一夜，我也在浴室落淚。
「真希望結束這一切。」

此時，我忽然聽見一個聲音。

「別放棄，別放棄。」

看來那是我的心聲。

我已分不清臉上是蓬蓬頭的熱水還是淚水，

不成聲地咕噥道：

「我已經沒有人能依靠了。

救救我！神啊、佛祖啊、老祖宗啊、大宇宙啊！」

這時，奇蹟發生了。

喂，小池，

你叫我喔!?
咦?

？？：「嗨！好久不見啦！」

小池：「好久不見？什麼啦？

我……我不認識你、我不認識你，

請你離開我家！」

？？：「話說，你這小子，難得有個有趣的哏，

現在放棄多可惜啊！」

小池：「哏？什麼哏？

呃，話說回來，你誰啊？」

？？：「我？

你剛剛不是叫過我的名字嗎？

我宇宙啦。」

小池：「啥？宇宙？」

自稱宇宙：「這個嘛，其實我是負責通訊的啦。

好，既然你叫了我，想必是下定決心了吧？」

小池：「咦？什麼決心？」

自稱宇宙：「什麼決心？向宇宙下訂單啊。

所以你才把我叫來吧？」

小池：「向宇宙下訂單？什麼訂單啊？」

自稱宇宙：「你是被負債弄到腦殘了是嗎？

所謂的下訂單，當然是你提出願望訂單，

然後我再幫忙轉交給宇宙啊！」

小池：「願望？向宇宙許願？我現在沒空向星星許願啦！我的人生只剩兩條

路，不是去死就是睡路邊啊！」

自稱宇宙：「睡路邊？很好啊！

欠債兩千萬，然後睡路邊！

接．著．再．來．個人生大逆轉！

……嗯嗯，小池，你很會想哏嘛！」

小池：「不不不，才不是什麼哏咧。
我這個人啊，已經沒有其他路能走啦……」
自稱宇宙：「所以我說啊，你的訂單，
就是從現在起來個大逆轉戲碼，對吧？」
小池：「咦？你是說，從現在起，我可以人生大逆轉？」
自稱宇宙：「啥？不是『可以』大逆轉，而是『即將』大逆轉才對吧！
你不就是為了這個，才特地想起我嗎？」
小池：「咦、呃，你說想起你……（我根本不知道你是誰啊）。」
自稱宇宙：「夠了喔！你到底要不要下訂單？
什麼鬼願望我都幫你實現，快點決定啦！」
小池：「什麼都可以？真的？
好、好，那就拜託你了！
我要人生大逆轉！啊，可是我不要狼狽睡路邊！
你真的能幫我實現？」

自稱宇宙：「嗯，那當然，宇宙一言既出，駟馬難追。
除非你不遵守『法則』。」

小池：「法則？什……什麼法則呀？
只要能擺脫現在的窘境，
我什麼都願意做！」

從那天起，一臉囂張的虐待狂宇宙先生，開始對我進行了一連串的魔鬼訓練。
我照著他說的「願望實現法」每日實行，
九年還完兩千萬債款。
此時還受家人接濟的我，實在無法想像，
未來的日子將是多麼幸福。

太、太神啦，宇宙先生！

目錄

序幕

第1部

不可思議的宇宙法則

第2部 宇宙超喜歡戲劇性

【主角介紹】

小池

（本名：小池浩）

三十六歲，現居仙台。當了七年卡車司機，用七年來賺來的積蓄開了一家夢寐以求的服飾店。魯莽的他，貿然將店裡的風格設定為「小池百分百嚴選精品服飾店」，導致門可羅雀，材料費跟進貨費用越來越龐大，回神一看，才發現已經欠下兩千萬日圓債務（當中有六百萬是高利貸）。每月償還金額超過四十萬，本金卻完全沒減少，被逼到絕境的他，只剩下宣告破產跟自殺兩條路能走了。此時，小池涕淚縱橫地大喊：「大宇宙啊」竟然出現了一隻奇怪的浮游生物……從此，他踏上了還清債務、人生大逆轉的旅途。

宇宙先生

（本名：偉大之泉）

在小池的呼喚之下，這名自稱「宇宙」的浮游生物現身了。雖然經常用超嗆的語氣電爆小池，但他與小池似乎是舊識，意圖用斯巴達式教育帶領小池逆轉人生。他不受表象迷惑，能一眼看穿小池的心。不知為何，蓮蓬頭是他穿梭宇宙的通道。他似乎能透過腳下的「泉水」任意瞬間移動。小池問他名字，於是他大發慈悲地說：「叫我偉大之（姓）泉（名）吧。」小池卻沒大沒小，說什麼「這樣讀者記不起來啦」，擅自將它改成「宇宙先生」。他內心暗想：「啊是不會叫我『泉泉』喔？」

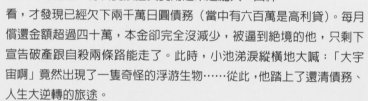

第1部

不可思議的宇宙法則

1
「我辦不到」「我就知道行不通」也是一種「宇宙訂單」！

（糟糕，我居然淒慘到開始看見幻覺了。）

在浴室遇見怪事後，我步履蹣跚地走出浴室，從冰箱拿出氣泡酒。

「冷靜點，小池，冷靜點。」

噗咻。

我拉開拉環，咕嚕咕嚕地大口暢飲，接著鬆了口氣，坐在房間的沙發上。

「喂！你踩到我了啦！豬頭！」

一陣突如其來的怒罵，嚇得我從沙發上彈起來。

「噫噫噫！還在！居然還在！」

「要我講幾次？是你叫我來的耶！」

「我叫你來的？我？呃，你是誰啊？你在這裡做什麼？」

「剛才我不是講過了嗎！你金魚腦喔！」

「……好痛！」

「你在搞什麼啊？幹嘛捏自己臉？」

「因為你突然從蓮蓬頭冒出來，還說『好久不見，我是宇宙』，我要嘛腦袋壞了，要嘛就是做惡夢啊。」

「不說這個啦，小子，你剛才不是說過嗎？『只要能擺脫現在的窘境，我什麼都願意做！』怎麼樣？一句話，你做不做？」

「咦？」

「我的意思是，有我當靠山，你不要再拖拖拉拉的啦！」

「嗯……我該怎麼做才好呢？」

「夠了喔！我說的話你有沒有在聽啊！你不是要人生大逆轉嗎？

所以要下訂單，對吧？不要就拉倒，我走。」

「我、我要！我要！

然後，呃，請問該怎麼下訂單呢？」

「啥？你連這個都忘了？」

「呃，說忘了也不大對，我根本不知道啊。」

「好，那我就大發慈悲告訴你！……才怪，先等等。」

「咦？怎麼了？」

「啥？」

「到目前爲止，你的願望已經全部實現了。

現在的小池，就是你理想中的小池，你所期望的小池。」

「咦！你說這個事業慘敗還欠了兩千萬的我，是理想的我？

最好是啦！拜託不要鬧好不好。」

「想想看，你不是常常下訂單嗎？

『生意好差喔，生意好差喔，今天生意也好差喔』。」

「咦？什麼意思？」

「你下訂，我照辦，就這樣而已。」

「不、不會是吧！」

嘴上不承認，其實這句話敲醒了我。

沒錯，我的確每天喃喃自語。

「我就知道賣不出去……

我設計的 T 恤是不是賣相很差呀？」

「欠債那麼多，哪還得完呀！

唉，完了，我看還是認命吧。」

仔細想想，這幾年來，我幾乎不曾說過什麼開心的話。

難道說，這些全都變成了宇宙訂單？

「對，就是這樣。你設定了結果，下了訂單，

而我則轉告宇宙，幫你實現願望。」

說著說著，宇宙先生輕飄飄地飛向冰箱，打開冰箱門說：「我也來一罐吧。」

然後取出氣泡酒。

「欸，不行不行！拜託別搶走我唯一的樂趣啊！

我現在只買得起那個啦！」

我成功阻止他搶走氣泡酒。氣泡酒是我唯一的樂趣，就算窮到只能吃一百圓的泡麵當晚餐，我也不能沒有氣泡酒。

「對了，那個我也幫你實現囉。」

「咦？」

「『我只買得起氣泡酒』，這個訂單。」

「咦咦咦！」

「還不快感謝我？你的每一句話，我都實現了耶。」

「怎……怎麼這樣。不、不、不對！

你才沒有實現我講的每一句話！

我每次都說『請救救我』，

可是卻從來沒有實現！」

「喂，你剛才說啥？什麼叫請救救我！

難道你去拉麵店，

會說『請救救我』嗎？你白痴喔！」

「啊，呃……那假設我說『我想還完債務』，

你就能幫我實現？」

「啥，你說『想還完債務』？

唉，你這小子還眞的忘光了。

沒辦法，我從零開始教起好了。麻煩死了。」

「不要亂跑喔。」

語畢，宇宙先生鑽進他腳底那灘類似泉水的「東西」，緊接著又一邊說著「嘿咻」，一邊抱著黑板現身。他將黑板擺在房間正中央，思考半晌，又進入浴室。

「唉，好像不大對……是這樣嗎？」

他在裡頭自言自語，然後又打開浴室門，飄了出來。

「小池！準備好了嗎！

想知道宇宙的系統嗎！」

「……」

「你再裝啞巴試試看！
小池！」
「噫……有、有！請說！」
「準備好了嗎！
我要用最嚴格的標準，
教會你宇宙的系統！」
「……系統？」
「我說你啊，
不是說要人生大逆轉嗎？
不知道系統怎麼行？
宇宙的系統跟地球不一樣。
我要逼你學會如何向宇宙下訂單，皮給我繃緊一點！
你就當作自己在拚奧運，打落牙齒和血吞！」
「呃……奧運？別說笑了，不可能啦。」

「好啊，那你就被債務壓死好了！」
「我、我不要！」
「那就做好心理準備。
一旦知道系統，剩下的就不難了。
只是，你必須先做好心理準備！
你連自己該做什麼都沒想好！
現在就決定，馬上決定！
一句話，要不要還債？
怎麼樣，說啊？」
「呃，可是，我欠了兩千萬耶？不是兩百萬喔。
哪可能那麼簡單就還得了啊。」
「……喔，是喔。那就是還不了囉。
像你這種人啊，一輩子都還不了債。
對，你就是還不了。死了也還不了，下輩子也還不了。」

「你、你幹嘛說這種話？」

「你不是自己說了嗎？『還不了債』。既然你說了『還不了債』，『還不了債』就會在宇宙中迴響，『還不了債』就會成眞！」

「太狠了吧。別看我這樣，我也是很努力的。」

「努力歸努力，還是還不了呀。」

「啥啊啊啊啊？」

「你『很努力』？『很努力還是還不了』？好，那你就是一輩子都很努力卻還不了囉。小池先生，你好努力喔，眞的好辛苦喔。」

「……」

「……嘖……」

宇宙先生嘖了一聲，開始在黑板上寫字。

「這就是宇宙的法則啦！」

「宇宙的法則？」

宇宙先生活像補習班的魔鬼講師，用短短的手指著黑板，一邊開始解釋。

「不要給我發呆，做筆記！

你以為自己在上誰的課啊！」

「咦，筆記？遵、遵命！」

我趕緊抄下宇宙先生所說的話。

〇月×日(四)
宇宙級大師——
宇宙先生的
第1課
值日生(永遠都是小池)

馬上戒掉「自虐」「請求」「做夢」的口頭禪，改成「完成式口頭禪」！

先說結論。

想實現願望，必須遵守這三項法則。

「先想好結果，再向宇宙下訂單。」

「0.5秒內抓住宇宙給予的提示，馬上行動！」

「學會將好事掛在嘴上。」

宇宙是一個場域，場域中的能量，會經由宇宙不斷增強再增強，進而在我們面前成形。

這就是宇宙的性質。

宇宙最容易捕捉到的能量波動，就是你的信念或話語。你平常說的話，你的口頭禪。

平時掛在嘴上的話，也就是**口頭禪，代表著你的信念，你的「人生根基」。**

你是覺得「我超強」，

還是「我這個人就是沒用」？

一個人的口頭禪顯示出當事者的信念，一聽就知道。嘴巴說出來的話，是有能量的。日本有個詞叫做「言靈」（Kotodama），足見日本人從很久以前就知道，語言具有強大的能量。

人們日常生活中的口頭禪，全在潛意識中送達了宇宙。

換句話說，你自己選了想要增強的能量，然後三不五時向宇宙下訂單。

我想大家都聽過「改變平時的自言自語就能改變人生，實現願望」這類的話，那是因為你的自言自語，就等於向宇宙下訂單。

「宇宙如何實現願望」？簡單說來，它只是將你說出來的話增強而已。如何實現嘴巴講出來的願望？運作原理就是：**你的話語能量，由宇宙不斷增強、增強、再增強，然後再還給你，就這樣。**

「賣不出去。」
「辦不到。」
「還不了債。」

因此，小池常掛在嘴上的那些「自虐口頭禪」，也全部被增強了。而小池的人生，也變得更加「賣不出去」「辦不到」「還不了債」。

有三種口頭禪模式，是人類最容易陷進去的。一種就是**自虐口頭禪**，第二種是「**請求口頭禪**」（如「請救救我」），而第三種是「**做夢口頭禪**」。

宇宙只能「將能量增強」，如果你對宇宙說「請救救我」，會發生什麼事？宇宙會增強「請救救我」的能量。「請救救我」「請救救我」「請救救我」……結果呢？

你就會變得非常需要大喊「請救救我」，需要得不得了。

同樣的道理，第三種「做夢口頭禪」也不行。

「好想環遊世界！」「好想變成年薪兩千萬！」

這種「好想怎樣怎樣」的訂單，只會增強「現在我無法環遊世界，真希望有天能辦到」的能量。

到頭來，宇宙只會給你一個永遠「渴望環遊世界」的人生。

宇宙沒有善惡之分，也沒有主觀判斷。不騙你，真的完全沒有。它只是將人類的口頭禪能量增強再增強，然後化為現實。如果你對現實不滿，宇宙只會說：「啥？那是你自己說的耶。我只是忠實照辦而已，怪我囉？」

宇宙不會判斷訂單真偽，不會細想：「不知道小池先生的真心話是什麼」「不可能有人要這種苦命訂單吧？」

「喏，這是你自己要求的啊。」宇宙是個徹頭徹尾的虐待狂，只會忠實增強語言能量，殘酷地將它化為現實。這就是宇宙。

若希望願望實現，人類只能「想好結果，然後下訂單」而已。

先在心中「做好決定」，然後清楚說出口，向宇宙下訂單。

接著，將它變成口頭禪。習慣成自然，你必須發自內心深信願望已經實現。

這就跟在咖啡廳點餐一樣。

如果想喝咖啡，就明白說出：「我要一杯咖啡。」沒有人會蠢到說：「我想喝點東西。」講得不清不楚，誰聽得懂？

說得更極端些，也不會有人點了咖啡，卻擔心「很難說耶，搞不好端出來的是紅茶」或是「點了咖啡，也不保證就能拿到咖啡啊」，這也太奇怪了吧。

向宇宙下訂單，也是一模一樣的道理。

想清楚自己想要的結果，然後下訂單。
接著懷著信心，等待成果到來。

好，戒掉三種不好的口頭禪後，該怎麼做才對呢？
學會**「完成式口頭禪」**。
「我環遊世界一周了」「我賺到年薪兩千萬了」，
只要清楚地說出結果就好！

欠債增加
貨賣不出去
沒東西吃
只買得起
氣泡酒
咕嚕嚕嚕~
你看吧!!你下的訂單!

2 為了還債，我所說的第一句話

「我剛剛說了，

我會實現你所說的每一句話。

應該說，你說過的每句話我都實現了，

跟你的意願沒有關係。

每句話都有能量，而宇宙能增強這股能量。

如果你真的想來個人生大逆轉，

就想好自己想要什麼樣的結果，向我下訂吧！」

「……

好，那我想還債。」

「臭小子！

我講話你有沒有在聽啊！

『想還債』是什麼鬼，

這就是你想要的結果喔？說啊？

如果只是『想還債』，

這願望早就實現啦！

所以你才會這幾年都處在『想還債』的狀態，懂嗎？」

「啊！這樣啊。

呃，好，那我要還債！」

「『結果』懂不懂，給我用過去式！」

「是！我還債了！」

「什麼時候？什麼時候還債的？」

「咦？還需要期限呀？好，十年！

我十年還了兩千萬！」

「還債之後呢？你幹嘛還債？」

「咦？還債之後？幹嘛還債？

呃，呃，我還債是爲了得到幸福！我得到幸福了！」

「很好。好，再來一次，從頭講一次！」

「我十年內還清債務，得到了幸福！」

「很好！看來你下定決心了，上吧！」

「好、好！」

「好什麼好，要講『喝啊』才對！白目耶。」

「喝、喝啊！」

「好，那我暫離一下。」

宇宙先生說要「將訂單送給宇宙」，接著打開浴室門，鑽入蓮蓬頭，消失無蹤。

3「設定人生遊戲『難易度』的人，就是你自己啊。」

就這樣，我半推半就地向宇宙下了「十年還清兩千萬（其中六百萬是高利貸）債務」的訂單，不過兩千萬債務不可能睡個覺就消失，而我也沒有突然中樂透。

有一天，朋友給我一張電影票，片名是《當幸福來敲門》(*The Pursuit of Happiness*)，於是好幾年沒看電影的我，就去電影院報到了。

那是描述一名男子人生大逆轉的故事，改編自企業家克里斯・嘉德納（Chris Gardner）[1]的真實經歷。

克里斯的工作，是向醫生兜售檢測骨質密度的醫療儀器。他原本打算利用這項工作賺大錢，但是缺乏醫療知識的克里斯，根本賣不出高價的醫療儀器，導致家中經濟快速惡化，連房租都付不出來。

有一天，克里斯帶著醫療儀器走在路上，遇見一名開著紅色法拉利的男子。

在克里斯看來，他無疑是一名成功人士。

克里斯問道：

「我想問你兩個問題。你的職業是什麼？祕訣又是什麼？」

他笑著答：「我是股票經紀人。」

「需要大學文憑嗎？」克里斯問。

「不需要，只要精通數字，懂得做人就好。」語畢，他拍拍克里斯的手臂離去。

克里斯笑逐顏開。

路上的行人，在克里斯眼中都洋溢著幸福，而他決定自己也要抓住幸福。

克里斯很快就決定要在證券公司上班。他靠著絕佳的幽默感與反應力突破面試難關，錄取成爲某間證券公司的實習生，只是實習期間不支薪。妻子受不了這

1 美國企業家和勵志演說家。在一九八〇年代早期，加德納因推銷工作四處碰壁，帶著還在蹣跚學步的兒子流落街頭。於一九八七年成為股票經紀人，最終成立了自己的經紀公司 Gardner Rich & Co。

一切，離家出走，於是克里斯帶著兒子流浪街頭，但仍奮力在證券界闖蕩。

正當我看得入迷時，宇宙先生冒出來說道：

「怎麼，小池！你看的電影還眞有意思耶。付不出房租只好當街友？人生跌落谷底？這根本就是你嘛！哈哈。」

「幹嘛、幹嘛啦！夠了喔！拜託你安靜點啦！」

我看得一把鼻涕一把眼淚，完全將自己的處境投射在角色身上，而宇宙先生則不斷大笑。

「喔喔，這根本就是小池你嘛！當街友耶！街友！你不是也說過要當街友嗎！哇，現在連儀器都被偷啦！」

沒錯，沒錢、付不出房租、沒飯吃、沒學歷、被騙……他的狀況與我非常相似。然而，看著看著，我越看越沒勁。

「他好幸運喔。畢竟這是電影嘛。都慘到睡公廁了，最後還是順利成功。畢竟這是電影，怎麼可能不順利呢？」

「啥？小池，你在講什麼廢話啊。」

結局當然是完美大結局。我看著片尾工作人員名單，不禁嘀咕了一句：

「好好喔……要是人生跟電影一樣就好了。」

「喂，小池，你剛剛說啥？」

「咦？我說『要是人生跟電影一樣就好了』。這麼一來，無論遇到什麼困難，我都能輕鬆跨越。」

「你是白痴啊！」

「也是啦。怎麼可能跟電影一樣順利嘛。

畢竟電影歸電影，現實歸現實呀。」

「聽我說！你是認真的嗎？反了啦！反了！」

「咦？」

「人生這玩意，當然跟電影沒什麼兩樣啊！」

「啥？」

「這部電影是眞人眞事改編吧？那簡單，你也有樣學樣就好啦。」

「有樣學樣，這……」

「欠一屁股債的克里斯，他做了什麼？」

「他看著紅色法拉利車主，

問他『該怎樣才能變得跟你一樣』，

然後決定要成爲股票經紀人。」

「你說對了。那就是下訂單。」

「下訂單？」

「我說，那就是向宇宙下訂單啦。

好，然後他又做了什麼？」

「他去應徵證券公司的實習生，

即使無家可歸也不氣餒，懷著信心堅持到底。」

「如果換成是你，劇情會怎麼演？」

「咦？我？這個嘛……既然決定十年內還清債務，

我會思考該怎麼還債，然後行動……呃，

不對，我的人生又不是電影。」

「哪裡不一樣？」

「呃，因爲，克里斯很厲害啊，他的成功應該跟天分有關吧？」

「克里斯一開始不是很平凡嗎？」

「可是，現實人生又不是電影或角色扮演遊戲，

哪有可能那麼順利呀。」

「喂，小池，你剛剛說『哪有可能那麼順利』，對吧？

電影的不幸程度、淒慘程度、人生遊戲的難易度都上升了，你能接受吧？」

「咦……」

「你給我仔細聽好了。

人生這玩意，跟電影還有遊戲世界根本沒兩樣啦，豬頭。」

不准再說「哪有可能那麼順利」！

人類的一生，跟電影裡的劇情是一樣的。

兩者都是朝著設定好的結局前進，所以只要設定成完美結局，就一定會走向完美結局。

何謂人生？就是盡情享受電影世界。迎向難關、打倒敵人，盡情享受這段過程。

其實，地球是一個非常特別的地方。綜觀全宇宙，只有地球有「行動」的概念。

為什麼呢？因為在宇宙這個場域之中，實現願望是不需要「行動」的。假設「我想去夏威夷」，只要腦中浮現「我」字，夏威夷的大海就出現在眼前；「好想吃咖哩飯」，一旦腦中浮現「好」字，咖哩飯就出現了。

那麼，為什麼會有地球這樣的地方存在呢？

因為這個地方，**能感受到宇宙所無法感受的體驗**。

任何想法都能瞬間成形，如果永遠都是如此，豈不是很無聊？有一群傢伙對宇宙感到厭煩，於是嚷嚷著：「好想嘗嘗緊張刺激的感覺！」「好想體驗！」「好想行動！」「好想品嘗成就感！」

因此，宇宙特地創造了地球。**地球，是一個需要行動、繞遠路，進而品嘗戲劇性的世界**。

換句話說，現在地球上的所有人，都在自己的電影裡扮演主角，盡情遨遊。

結局已經訂好了，所以只要盡情享受過程，扮演自己的角色就好。

第一步，就是設定電影的類別跟結局。

你想在動作電影裡當英雄，還是想談一場甜蜜的戀愛，迎向幸福快樂的結局？先想好自己主演的電影文案吧！以小池當例子，就是「涕淚縱橫的小池，創造了人生大逆轉的奇蹟！」

想好文案後，就朝著結局全力扮演該角色。

別擔心，無論途中發生什麼慘劇，反正結局已經設定好了，一切萬無一失。兵來將擋，水來土淹就是了。

不過呢……

愛把「哪有可能那麼順利」掛嘴上的人，特別容易遇到慘劇，敵人也強得沒天理。不，說到底，他們可能根本就把結局設定成壞結局了。

因為那是電影的訂單。那是劇本。

人生也一樣。

向宇宙下訂單之後，結局就已經設定好了，為什麼硬要想著「哪有可能那麼順利」，特地換來悲劇？你就這麼想把人生設定成最高難度嗎？

就算地球是個能盡情享受行動樂趣的地方，看著你們特地把自己推到悲劇主角的位置怨天尤人，我也不免心想：喂喂，你們也未免太 M（被虐狂）了吧？

總之呢，宇宙的一切都是遵循法則，沒有同情或求情的餘地，誰說了什麼，就不斷增強那些話的能量。就算有人大喊：「不要！住手啊！」只要他是個「熱愛不幸」的人，宇宙就會把他打到連他媽媽都認不出來。不過咧，一個願打一個願挨啦，如果你被虐得很開心，我也樂見其成啊。

喂，快飛啊!!
啊？不會飛的話
就游過去啊!!
喔，是短吻鱷耶♪

4 現在你眼前的世界，是你一手造成的！

「人生就跟電影一樣……嗎？」

幾天後，我在門可羅雀的店裡，邊嘆氣邊咕噥。

「如果我是主角，可是慘到不能再慘了。接下來，應該會遇上某個機緣，讓我人生大逆轉吧？」

我心想，不然把目前的處境寫成電影文案看看吧！於是決定在傳單背後寫下文案：

從小在鄉下長大的阿浩，在高中時愛上搖滾。

同時，他也愛上搖滾風的服裝，於是在某知名流行品牌服飾店上班，花一大堆錢治裝，導致欠了一屁股債。

他在工廠上班還清債務後，又開始憧憬都市生活，於是到了東京打拼，

但後來還是決定回鄉闖出一番事業。

然而，他無法放棄開服飾店的夢想，

存了七年的錢，決定開了一家自己的服飾店……

回想起來，我之所以開服飾店，只是因為：

「我喜歡服裝，所以想從事服飾業的工作！」

「開一家自己的精品服飾店，一定超酷的！」

「我想創立自有品牌，打出一片天！」

說穿了，只是做白日夢。

簡直就是忌野清志郎[2]那首〈白日夢信徒〉(*Daydream Believer*)的翻版。

當然，服飾業界的每個人，都夢想著開一家精品服飾店，但很遺憾的，我並

沒有針對消費者的喜好打造店面、挑選商品，說穿了只是自我滿足……

「我一直活在自己的幻想裡，不知不覺間債臺高築，伴侶也離我而去，回過神來，竟然陷入人生谷底……這到底是什麼搞笑哏呀？」

全世界最悲慘的我，到頭來，只是在演獨角戲。

我恍然大悟，同時也感到不知所措。

「原來是我自己造成的啊……原來是我的錯……」

我將自己至今的人生故事寫成電影劇本，寫著寫著，終於首度客觀審視自己的人生。

此外，我也發現自己從未對人生負起責任。是我將自己推落谷底，也是我不斷找藉口說服自己放棄好了，別再掙扎，這一切，我必須好好面對才行。

沒錯，現在的局面是我造成的。

2　一九五一—二〇〇九，日本搖滾樂手、作詞家、作曲家、音樂製作人和演員，被稱為「日本搖滾之王」。

不是其他人的錯，而是我咎由自取。
老實說，這樣的眞相，眞的很難承受。
「那麼，我希望這部電影走向什麼樣的完美結局呢？」
我在傳單背面寫下故事的後續。

有一天，他遇見一個奇怪的虐待狂宇宙先生，學會如何向宇宙下願望訂單。從此之後，他的人生奇蹟式好轉，也還清了債務。這個男人抓住了幸福，人生大逆轉！

寫下來後，很奇妙地，我對債務的恐懼與不安頓時減輕了些，體內似乎湧出了一股能量。
「好……」
接著，我開始冷靜思考自己的狀況。

（我現在三十六歲。
就算馬上回去當上班族，
也還不了兩千萬債務。
說到底，我沒有什麼對轉職有利的證照，
也缺乏經歷。
話說回來，我手上也沒錢創立新事業，
還是想想該怎麼提升現在這家店的營業額吧。）

因此，我開始仔細審視店裡面的商品。
服飾業界基本上不是寄賣制，而是買斷制，所以爲了不增加負債，店裡絕不能囤積任何賣不出去的商品。
要進，就進賣得出去的東西；要賣，就要全部賣光光。
爲此，我的第一步就是捨棄全面進貨，嚴格挑選顧客想要的商品、尺寸、顏色與圖案。

廠商見狀，還對我說：「小池先生，您的進貨方式眞特別啊。」

我仔細觀察顧客的喜好與購物傾向，掌握所有資訊後，我試探性地只將必要的商品擺上檯面。

漸漸地，某幾季商品逐漸不再留下存貨，我找出了自己獨創的「賣光光訣竅」。

一旦有了成果，人就會更有改變的動力，於是我漸漸開始思考：該如何不花錢就能使店面變得更酷？我改變店內擺飾，思考如何用低成本開發顧客想要的商品，一點一滴地朝各方面進行。

「眞的好像電影劇情喔。」

某夜打烊後，我邊打掃邊喃喃自語，此時宇宙先生說：

「我就說吧？只要一步一步來，就沒什麼好怕的啦！」

5 宇宙的提示就藏在最初的0.5秒，懂了就趕快行動！

從那之後又過了一陣子，有一天我在看電視，宇宙先生卻沒頭沒腦地說道：

「喂，小池！我說你戴的那個東西啊！」

「咦？哪個東西？這個？」

宇宙先生指著我右手的手環。

這是一種能量石手環，上頭有虎眼石，據說能招財。

「這東西怎麼了嗎？」

「有效嗎？」

「咦？」

我注視著手上閃閃發光的寶石。

這麼一說我才發現，原本是聽說這能量石手環能招財才戴上的，可是也沒發生什麼好事，債務沒減少，客人也沒變多。

「嗯……老實說，好像沒什麼效耶。」

「去查查看。」

「啥？」

「我叫你去查查看為什麼沒有效啦！

叫你做什麼就做什麼！

我說的每句話都是重要提示！

接下來你別給我想東想西！不是說 0.5 秒內就要抓住提示嗎？

快去做！動起來！」

「遵、遵命。」

「想想也是啦。」

當晚，我仔細端詳能量手環，一邊思考。

（那麼多人戴能量手環，這真的有效嗎？如果有效，為什麼偏偏在我身上起不了作用？）

我一邊想著，一邊打開電腦，搜尋「能量石」、「效果」等關鍵字。一查之下，有幾個網站說石頭就是一種能量，而石頭跟人也是要看頻率的。

（石頭跟人的頻率啊。）

我對能量石越來越有興趣，於是調查了各種書籍文獻，查著查著，才知道原來有個方法叫做「O 環測試法」（Bi-Digital O-Ring Test，縮寫爲 BDORT），能測出該物質與自己合不合。

O 環測試法是一名住在美國的日本醫師所想出來的替代療法，能依據身體接觸藥物產生的反應，了解該藥物適不適合患者。

患者用右手拇指與食指比出 O 字（左撇子就用左手），然後將藥物或食物擺在另一隻手的掌心，接著由旁人拉開患者的右手拇指與食指。

如果手掌心的藥物適合患者、對患者有益，旁人就無法拉開患者的拇指與食指；反之，若不適合患者、對患者無益，手指就會被輕易拉開。依據上述反應，便能判斷該藥物適不適合患者。

（搞不好可以用這招來判斷能量石適不適合我喔。）

於是，我搜尋獨自執行O環測試法的方法，然後用身上的虎眼石來測試。

結果慘到不行。

一測之下，我才發現號稱能開運招財的虎眼石，居然害我的能量變弱了。

因此，我利用O環測試法尋找適合自己的寶石，也確實有幾種寶石跟我頻率一致。

例如招財石「髮晶」（Rutilated Quartz），就是其中之一。

我運用那幾種寶石重新製作能量石手環，戴上之後又試了一次O環測試法，這回能量十分強大。

（我懂了，原來選寶石不是選功效，而是選出適合自己的能量，才是正確的能量石選購法啊。）

戴上新的能量石手環後，體內似乎湧出了源源不絕的能量。

與其說這是能量石手環帶來的力量，更像是「我戴上了適合自己的東西，好，我沒事了」。或許是我對手環的信心，帶來了能量。

隔天，我媽難得打電話來。

「阿浩，剛剛銀行打電話來……他們說你的銀行帳戶一直閒置，問你要怎麼做。」

「咦？我有閒置帳戶？」

我完全忘光了。

（反正裡面大概頂多幾百塊吧。）

我抱著這樣的想法去銀行一瞧，裡頭竟然有幾萬塊錢！

當時我的存款已快見底，日子過得苦哈哈，因此這筆意外之財可謂天降甘霖。

我馬上將錢領出來還債。

這小小的奇蹟，還沒有結束。

又過了一天，這回我哥來店裡找我。

「你能不能幫我填寫文件？」

於是我幫他寫文件，寫完之後……

「對了，我好像還沒給你開店賀禮耶。」說著說著，我哥給了我十萬日圓。

（咦？這是怎樣？難道是能量石發威了？）

原本半信半疑，但是幸運的意外之財卻接踵而至，使我的期待越來越高。

接下來，又過了幾天……

至今從未接觸過的服飾廠商業務，突然上門提議：

「能不能讓我們的衣服在貴店上架？」

我請他讓我瞧瞧，而這些衣服，竟然恰好是我想進的款式。

可是我欠了一屁股債，根本沒有錢。

正不知該如何是好時，那位業務員說：「款項下個月月底再給就好。您不必一次付清，先付一半就好。」

根本是佛心來著！

於是我趕緊進貨，該廠商的衣服很快就賣光，因此我也順利地支付下個月的款項。

不僅如此，該廠商的衣服還成了我們店裡的熱賣商品，店裡的生意蒸蒸日上，營業額也逐漸升高。

我將這些事告訴好友，他說：「也幫我做一個能量手環好嗎？」於是我做了一個送他，他也得到了意外之財。他告訴朋友，果然對方也發生了好事……能量石手環的訂單，就這樣越來越多。

我對宇宙先生說：

「宇宙先生，我照著你的提示採取行動，結果好像創造了一個新世界耶！」

「喔？小池，你也開始長慧根啦。」

6 只有想中獎的人才會中獎，宇宙創造的奇蹟永遠沒有限額！

有一天，電視播了世界富豪奢華特輯。只搭過頭等艙的貴婦、東京黃金地段的豪宅、海外別墅……這些超乎想像的生活，令我不禁嘆息。

「日本年薪一億以上的人，居然只有〇．〇二七％……」

「限額都是假的啦！」

「哇！」

說時遲那時快，宇宙先生突然冒出來，擋住我的電視。

「拜託你不要突然冒出來啦，很嚇人耶。」

「啥？我才嚇一跳咧。那個億萬富豪比例是怎樣啊？」

「就是日本年薪一億以上的人只有百分之〇．〇二七％啊。」

「王八蛋，誰說的？」

「呃，問題不是誰說的，而是我看了覺得『成功的人只有一小撮而已』。」

「所以啊，到底是誰說的啊？」

「這……」

「明明宇宙的『奇蹟』庫存多到不行，人類卻在那邊胡說八道。」

「咦，宇宙先生，你生氣了？」

「我難道能不氣嗎！說到底，奇蹟這玩意兒多的是，根本沒有限額這回事啦！」

「呃——可是，我覺得還是有限額耶。舉個例子，企業徵才有人數限制，摸彩的頭獎也只有一個名額啊。」

「天啊啊啊，你眞的什麼都不懂耶！不管是徵才人數或是摸彩，只要你這個人能中獎，限額一名就夠啦！

你以為名額增加到十個人或一百個人，

你的中獎機率就能提高嗎？」

「當然囉。一億分之一跟一億分之一百，差很多吧？招生名額也一樣啊，跟一個名額比起來，四十個名額的上榜率比較高吧？」

「那是因為你沒有想好結果啊。

只要你一個人中獎，只要你一個人上榜，那就夠啦。

一旦你想好結果，不管是一個名額或五十個名額，都沒有關聯。」

「只要想好結果，就一定能順利成真嗎？」

「當然啊，我不是說過好幾次了？

無論是年薪一億或是環遊世界一周，只要好好下訂單，

全世界所有人許的願都能實現。

說穿了，每個人都自由創造著自己的宇宙，

所以訂單是沒有數量限制的。」

「如果奇蹟真的庫存過剩，拜託你多在幾個人身上創造奇蹟啦。

我也想要年薪一億……」

「好啊。」

「啥？」

「只要下訂就行啦。想好結果，然後下訂。

宇宙總是使命必達，

但人類卻喜歡一邊抱怨『許願根本沒屁用』，

然後又說『我就知道行不通』，向宇宙下負面訂單！

人類總是對宇宙疑神疑鬼，難道就不能無條件相信一次，

試著說聲『說不定真的有奇蹟』嗎？

又不會少一塊肉，

幹嘛那麼嘴硬，死都不相信奇蹟，我真的不懂耶！」

那一天的宇宙先生似乎比平常更嗆，氣著氣著，就這樣睡著了。

7 說五萬次「謝謝」，換來驚人的「霹靂體驗」

「宇宙沒有限額，要多少奇蹟，就有多少奇蹟。」

如果這是眞的……

好，我決定向宇宙先生提出一個問題。

「能不能提示我，該怎樣才能早點把債還清？」

正在睡午覺的宇宙先生慵懶地睜開一隻眼睛，給了我一句話。

「閉嘴啦！我在睡午覺耶！」

宇宙先生連看都不看我一眼。

「告訴我又不會少一塊肉！

你不就是爲了幫我，才來找我的嗎？」

「不要吵醒我！你這個死小池！」

宇宙先生氣呼呼地將四周的東西亂扔亂砸，然後說：「哎呀，這兒也太亂了吧。小池，東西要收乾淨喔。」接著抱住抱枕，開始打鼾。

沒辦法，我只好摸摸鼻子收拾殘局，不料……

「……咦？這是……」

地上有一本我半年前買的書。

當時已債臺高築的我，抱著死馬當活馬醫的心情踏入書店，拿起那本書。我試著閱讀，但那時的我，卻怎麼都讀不下去。

我硬著頭皮繼續讀，最後的結論是：蠢死了！

因爲，那本書寫著：

「只要說出五萬次謝謝，就能改變人生」。

（說五萬次謝謝？如果這麼簡單就能改變人生，大家還這麼辛苦幹嘛？）

「……買這本書眞是浪費錢。」

我將那本書丟在房間角落，

半年後，

我連買過這本書都忘了。

我一頁一頁地翻閱，半年前還看不懂的句子，如今卻如大浪般沖進我腦中，眞令人不敢置信。

我讀得欲罷不能，無法想像它是半年前我讀不下去的那本書。

「說五萬次謝謝嗎……」

我的眼神，

或許也跟半年前截然不同。

宇宙先生睜開一隻眼睛，不耐煩地說：

「反正你很閒吧？去做啊。」

（沒錯，反正客人又不上門，

我也無事可做。

既然如此，

不如說說看五萬次謝謝吧。）

從那天起，我開始瘋狂說「謝謝」。從開店到打烊，客人不在時，我一直不斷地喃喃說著：「謝謝。」

我不加思索，對任何事物都一逕道謝。每說十次就折一根手指，每說一百次，就在筆記本上寫正字。

一天之內，我說了七千次謝謝。

約莫一個半月後，有一天，那一刻突然到來了。

我的腦中閃現一幕影像。那東西就像米粒的穎。[3]這種感覺，就像我的心坎、我的心靈中央的穎殼開始剝落，露出皓白如雪的物體。

「啥？米粒？」

「你說誰是米粒？臭小池！」

「啥？」

霹靂！

不是「劈哩」。「劈哩」無法傳達那種金光閃閃、瑞氣千條的感覺，只見正中央的那東西，竟然是……

咦，是宇宙先生？

3 穀粒外面那層乾燥的鱗狀保護殼。

這一刻，**我明白自己確實跟宇宙連結在一起**。

該怎麼說呢？我首度感覺到，自己體內的靈魂、本質、根源、確實跟宇宙連結在一起。

就那時起，無論是衣服或手環，都賣得比從前更好。

「謝謝」這兩字具有魔力。

這種體驗是假不了的。

只是，這系統簡單到令我失望，於是我詢問宇宙先生。

「既然只要說『謝謝』就能改變人生，那應該每個人都能得到幸福吧？總覺得有點沒勁耶。」

「我、說、你、啊，還嫌沒勁咧，你幹嘛現在才做？」

「沒有啦，因爲說謝謝實在太簡單了，

我沒想到這樣就能改變人生啊。」

「啥？如果有那麼簡單，宇宙應該更忙，

每天的奇蹟應該多到不行啊！

我問你，

你身旁有幾個每天不斷說『謝謝』的人？」

「一、一、一個都沒有。」

「就是因爲沒人肯做，

才叫做奇蹟口頭禪啊。」

「……」

「小池，像你這種不僅忘了我，

連潛意識的管子都堵塞變細的人，

就必須相信『謝謝』的力量，說上幾千幾萬次，

才能把管子清乾淨啊。」

「潛意識？清乾淨？」

超神的「謝謝口頭禪」，一天要說上五百次！

聽好囉，小池。人類的意識，是跟宇宙連結在一起的。

顯意識是人類小腦袋瓜裡的微小意識，人類平時運用它來思考、判斷事物。

比顯意識更深層的潛意識，其容量是顯意識的六萬倍。

然而，假如經年累月對自己發出負面訊息，負面能量就會流進傳遞宇宙願望訂單的輸送管，導致它殘破不堪。

久而久之，訂單輸送管將越來越細，向宇宙下訂單也會變得越來越難。

小池的潛意識，也被他發出的自虐訊息弄得稀巴爛，宇宙輸送管累積了一堆爛泥。

累積一堆爛泥的管子，只要人還活著，就不會完全堵塞，而是留著針孔般的通道。人活著就是這麼回事。

因此，訂單還是送得出去，只是送到宇宙的速度會變慢，也送不出太多訂單。

此外，堵塞的輸送管，很難接收到宇宙提示。

什麼意思？就是好不容易想好結果，下了訂單，卻遲遲收不到實現訂單的提示。

然後咧，人類就會抱怨：「好不容易下訂了，卻根本收不到提示。」然後放棄。人類就是這種愛放棄、愛找藉口的被虐狂。

如果想讓宇宙訂單正常送達，首先，必須使潛意識恢復到正常狀態，先前說了多少句負面詞彙，就必須用多少句「謝謝」這類的好話來中和。

「謝謝」這兩個字具有魔力，能將累積在你身心的負面能量，轉化為正面能量。

一旦中和負面能量，宇宙輸送管暢通、滿溢正面能量，你就能感覺到自己連上了宇宙。

如果說五萬次謝謝就能改變人生，那不就滿地都是幸福的人？
是啊，可是沒人肯說啊!! 小池!!

8 扭轉人生的祕密儀式：與潛意識心心相印的訣竅

「謝謝、謝謝、謝謝、謝謝。」

從那之後，每天舉凡客人不在時、洗澡時、睡前，我都不斷說著「謝謝」。

有一天，宇宙先生突然冒出來說：

「我說你啊，真的很不懂得舉一反三耶。」

「舉一反三？」

「試試看在『謝謝』後面加上『我愛你』，會發生有趣的事喔。」

語畢，宇宙先生臉上露出賊賊一笑，消失在泉水中。

從那天起，我開始在「謝謝」後面加上「我愛你」。

每天說著說著，我靈光一閃，想到一個好法子。走路時，踏出左腳就說「謝謝」，踏出右腳時就說「我愛你」。養成習慣後，就能配合身體的律動輕鬆說出口了。

約莫一個月後，我做了一個奇妙的夢。

我不斷對著另一個我說「謝謝」、「我愛你」。

他抱膝而坐，背對著我。

「謝謝，我愛你。」我一逕說著。

可是，抱膝而坐的我卻一直說「我才不信呢」。我不放棄，繼續說著「謝謝，我愛你」。

「誰教你以前都不理我。」他說。

我不屈不撓，繼續述說「謝謝，我愛你」。說著說著，他終於抬起頭，轉過身來。

「……眞的？……這次是認眞的嗎？」

我沒有回話，只是一逕說著「謝謝，我愛你」。

「眞的？眞的嗎、眞的嗎？」

至今從不看我一眼的他，雙眼發亮，注視著我。

我又繼續說「謝謝，我愛你」，只見另一個我忽然淚水決堤，開始啜泣。

「我、我也愛你啊！」

抱膝而坐的我哭著說出口，兩個我就這樣奔向彼此，互相擁抱。

「我也是啊！對不起，以前都不理你！對不起，我不應該拒絕相信所有可能！謝謝！我愛你啊！」

「嗚、嗚哇……我一直希望你說出口！我等了好久喔！謝謝！我愛你！」

做了這麼一個怪夢，不知為何，我醒來後卻覺得心情非常平靜。那天慢跑時，我一邊跑步，一邊對眼中的所有事物說著「謝謝」「我愛你」。

啊，當然，旁邊有人時，我就在心裡默念。要是說出口，路人一定會以為我腦袋有問題。

「小鳥，謝謝，今天我也愛你喔！」

宇宙先生看著邊跑邊念念有詞的我，賊賊一笑。

「小子，你昨天做了什麼夢？」

「我夢見自己不斷說著『我愛你』，然後另一個我就相信我了。

這代表什麼含義？」

「這才不是夢咧。

是你的潛意識跟顯意識在交談啦。

當你清醒的時候，顯意識掌控著你的思考，

所以無法跟潛意識自由對話。」

「潛意識跟顯意識的對話？」

「沒錯，『我愛你』的力量能連結潛意識與顯意識。

以前的你，是不是只對自己說過負面訊息，

還罵自己是廢渣？」

「我、我沒罵過自己是廢渣啊……」

『客人都不來』『還不了錢』『反正我就是沒用』……

這些話不就等於說自己是廢渣嗎？

說出這些話的是顯意識的你，

是外側的小池，薄得跟紙一樣，厚度只有六萬分之一。」

「六萬分之一？」

「對，外側的顯意識，

能量只有潛意識的六萬分之一。
可是，畢竟語言具有強大的力量，
顯意識撂下的話，
害你的潛意識憂鬱到不行。
「潛意識變憂鬱？」
「對，就是心理學常說的『創傷』。
因爲你對自己不斷進行言語霸凌，
心靈當然會受創啊。
可是，每當你說了一次『謝謝』，
從前你對自己所說的負面話語
就會逐一消失。
這麼一來，從前那個陰沉的、家裡蹲的潛意識就會逐漸打起精神，
開始信任你。
然後，當你說的『謝謝』次數

超越累積至今的負面訊息，潛意識跟顯意識就會合而為一，組成一對契合的搭擋。

小池，你不是用『謝謝』把宇宙輸送管清乾淨了嗎？你所說的『我愛你』，終於讓潛意識跟顯意識心心相印了。現在你覺得怎麼樣？」

「這個嘛，總覺得，心裡好像變得非常踏實。」

潛意識甩開憂鬱，幹得好！

「小池，這下子，你的下訂能力增加六萬倍囉。」

語畢，宇宙先生翻了個筋斗，眼神似乎比平常溫和許多。

「喂，這都是我的功勞。還不快感謝我？死廢渣。」

不過，他依然是個虐待狂。

9 宇宙先生傾囊相授 使下訂能力增加六萬倍的「小小奇蹟遊戲」

「好，既然你的下訂能力增加六萬倍了，該來特訓啦！小池！」

「咦？特、特訓？」

「沒錯！因為你是個掃把星！」

「掃把星……呃，你說的也沒錯啦。」

「長得像掃把！個性也掃把！

我有辦法救你。

最好的方法，就是親身體驗下訂能力變成六萬倍的威力。」

「該怎麼做呢？」

「你就隨便下訂一下吧！什麼都可以！」

「咦？隨便下訂？太突然了啦。」

「好，那你喜歡什麼顏色？」

「呃……大概是黃色吧。」

「那，喜歡的數字呢？」

「嗯……1。」

「喜歡什麼車？」

「大概是金龜車(Beetle)吧。」

「好，這就是你的訂單。出門吧。」

「啥？」

我一頭霧水地跟宇宙先生出門，來到街上。

我開著車，一路駛向仙台的鬧區，此時……

「喂！小池！你眼睛瞎了是不是！」

「啥？幹嘛這麼激動。」

「看前面啦！」

「前面？我在看啊。」

「不是！前面的車！」

「啊！金龜車！」

「不只這樣喔！」

「咦？啊！車牌是 1111 耶！」

「車子是什麼顏色？」

「黃……是黃色……這是怎樣，太猛了吧！」

「因爲我幫你把訂單送出去啦！還不快謝我！」

「謝、謝謝宇宙先生！」

這一天，發生了各種小小的奇蹟。

我跟穿著黃色衣服的人擦肩而過，看看手表，竟是 11 點 11 分。

朋友約我小酌，店名竟然是「Beetle」，店裡有黃色的金龜車模型。

「原來如此，只要下訂單，那些東西就會出現在眼前啊。」

從那之後，我接受宇宙先生的特訓，每天實現各種小訂單；換句話說，就是累積成功經驗。

「說不定我眞的能把債還清喔。」

儘管是毫無根據，我腦中還是冒出這個念頭。

這全都是因爲見識到了六萬倍的下訂能力。

市面上的自我啓發書，無不教導讀者將說出來的話、腦中的想法化爲現實……我親身體驗、不斷練習，以期學會這項能力。

10 能超越「延遲」的人，才能實現願望！

我現在整個人神清氣爽，比剛遇見宇宙先生時好多了。但是，本金兩千萬還在，除了銀行，我也向好幾家高利貸借錢，看來必須嚴格執行十年計畫才行。

國金、[4]銀行、消費信貸、地下錢莊……我四處欠錢，光是還債，一個月最多得付出四十萬左右。此外，還有進貨成本、店租、房租、生活費……我的生活還是一樣苦哈哈。

4 全名是「國民生活金融公庫」，為日本政府專為中小企業主提供經濟輔助的國營金融機構。

有一天，我在宇宙先生面前嘀咕。

「如果什麼訂單都能實現，

那假如我下了『債務馬上消失』的訂單，

債務就會消失嗎？」

「……走，去吃豬排飯。」

「咦？」

宇宙先生突然提議吃豬排飯，於是我們來到豬排飯連鎖店。

「小哥！我要點餐！豬排飯十份！」

「啥？你在胡說什麼啊！

哪吃得了那麼多？付錢的人可是我耶。」

「你閉嘴，乖乖看就對了！

小哥！

……啊，他看不見我。

喂，小池，去點十份豬排飯！」

「呃，我才不要呢。」

「叫你點就去點！

你不是說只要是我的提示，你什麼都照做嗎？」

我心不甘情不願地在眾人狐疑的目光下點餐，過了半晌，豬排飯來了。

想也知道，店員一副遇到怪咖的樣子，但也沒辦法。

至於宇宙先生，臉上則露出「中計啦！」的賊笑。

「我想吃中式涼麵耶。」

「那你就先吃完豬排飯！」

「咦？不是你自己想吃的嗎？

而且爲什麼要先吃豬排飯？」

「因爲如果你不吃完這些，中式涼麵就不會上桌啦！」

「這不是廢話嗎！

是你叫我點十份豬排飯耶！」

「沒錯！是廢話！

你的訂單就跟

這些豬排飯一樣！

因爲你多年來向宇宙訂了不少霉運，所以你的霉運全部都上門啦！

而現在，你終於想點中式涼麵了。可是，你至今所點的豬排飯不可能馬上消失換成中式涼麵，因爲有延遲(Time Lag)啦！」

「**延遲？**」

宇宙級大師——
宇宙先生的
第4課
○月×日
值日生（永遠都是小池）
シー
シー

高喊「太好了，延遲來啦！」，打敗「哪可能那麼順利？」

我前面說過，宇宙會增強你的口頭禪能量，實現你的願望。口頭禪，是當事人的潛意識所深信的「根基」，所以才會不經意脫口而出。

「沒有錢」是根基。

「有錢」也是根基。

這些心的根基全都變成了訂單，直接傳送給宇宙；你訂什麼，就得到了什麼。

換句話說，小池信什麼，就會導致他遇見什麼樣的人事物。

小池在此之前，向宇宙訂了無數的「還不了債」「我就是沒用」「我的人生完蛋了」。

訂了多少次？嗯，這個嘛，算成五萬次好了。

「沒有錢」，是小池目前為止的根基。換句話說，就是他所點的豬排飯。

現在，他想用口頭禪將根基改成「有錢」。對，就是他想點的中式涼麵。

小池宣告要「還清債務，得到幸福」，頭腦簡單的他以為只要下了訂單，中式涼麵就會立刻上桌，但前面那一大堆豬排飯怎麼可能說消失就消失？

養成新的口頭禪，使小池的潛意識接受新的根基，是需要時間的。

因此會發生延遲或上修、下修。

以前的訂單逐一實現的同時，狀況也不斷變化；直到舊訂單跟新訂單的交接點到來，新訂單才會開始實現。

所以，很多人會在這段時間半途而廢。

反過來說，那就是決勝的**關鍵時刻**。

若是輸給延遲，說出「反正中式涼麵也不會上桌，我不要了」這種話，你覺得會有什麼下場？

好不容易終於輪到中式涼麵的訂單，這下子又被你打回票，變成豬排飯了。「反正我只吃得到豬排飯啦！」假如這時又重點豬排飯，你就算等到天荒地老，也只能吃到豬排飯。

不過……

若是此時能堅持到底，深信「只要吃完豬排飯，中式涼麵就會上桌」，豬排飯出餐完畢後，上桌的一定是中式涼麵。

乖乖養成新的口頭禪、改寫心之根基的人，桌上會同時出現豬排飯跟中式涼麵，不久，就能只吃中式涼麵了。

這就是宇宙的真理。

就算小池許願「希望債務馬上歸零」，也一定會發生延遲。

小池必須遵守一件事，那就是：想像還清債務後的美好人生，相信「既然下訂單了，總有一天會實現。實現的日子越來越近了」，然後等待延遲結束。

換句話說，

就是一邊想像中式涼麵，

一邊開心地吃下豬排飯。

總之
給我吃!!
うぷっ

11 下訂單後所發生的一切，都是宇宙精心策劃的安排

了解延遲的結構後，我每天持續工作、減少債務，相信自己總有一天會得到幸福。

有一天，宇宙先生突然撂下一句話。

「小池，你體力好差喔……給我去跑步！」

從那天起，我每天早上五點就起床慢跑，但是完全不懂，這究竟對還債有什麼幫助。

某個冬日清晨，我輸給寒冷與睡意，遲遲無法離開被窩。

「蹺掉一天不會怎樣啦。昨天很晚才睡，

而且今天好冷，出門跑步會感冒的。」

我咕噥道。

「喂！小池！

臭小子，敢偷懶蹺掉慢跑試試看，

我講的話你當放屁？」

「唔啊啊啊啊，對、對不起，對不起。

我跑，我跑。」

我嚇得從床上彈起來，趕緊換上運動服、刷牙洗臉，準備出門。

我步履蹣跚地走出租屋處，有氣無力地跑起來。

「我說你啊，

跑得那麼心不甘情不願，

好運都快被你趕跑啦。」

「呃，不是啦，我也知道清晨慢跑對身體很好啊。可是，清晨慢跑應該是多數人『最容易半途而廢的項目前三名』吧？又不是慢跑就能還完兩千萬債款。」

睡意與寒意消磨著我的耐心。

「喂！這就是你的問題啊！」宇宙先生說。

「怪我囉，天氣這麼冷，你卻一大早就叫我起來慢跑！」

「臭小子，敢跟我頂嘴！有種再說一次看看！」

我稍微清醒了點。

「啊，沒有啦，那個，那你說嘛，慢跑就能還清債務嗎？早上跑步又怎樣，債務又不會少一塊錢。」

「你在說什麼鬼？啊？**就是要跑步，債務才會減少啊。**」

「咦？爲、爲什麼？爲什麼？」

「所以我說你無腦嘛。

你已經下了還債的訂單了！

因此，你做的每件事，都會讓債務變少。」

「我做的每件事？」

「對，每件事。」

「踩到狗大便也算？」

「我說是就是，懷疑喔？

下訂單後發生的一切，都是宇宙精心策劃的安排，每件事都與實現訂單有關！

眞是聽不懂人話耶。

等我一下！」

宇宙先生潛入泉水中，一如往常地抱著黑板現身。他將黑板擺在清晨的人行道中央，搔啊搔地將龐克頭撥成三七分，娓娓道來。

（這個人，不管在哪裡講解，都是這套排場耶……）

對每件發生的事說出「連結口頭禪」：「讚啦！我的願望要實現了！」

當你向宇宙許下願望訂單時，
接下訂單的宇宙馬上就會開始執行，
而且許願者本人也能親眼見證。
「咦？可是，我許願希望今年年薪千萬，
但還是一點收入都沒有啊。」
「我的真命天子還是沒有出現呀。」
你們是不是這麼想？
沒錯，你所訂的東西還沒有送達。

但是，下訂單後所發生的一切，都與實現訂單有關連。

在咖啡廳點飲料或是在網路上購物後，幕後總有人負責泡咖啡，網路店家也會出貨，物流則負責送貨。

如果想知道狀況如何，只要朝廚房瞄一眼、到購物網站查詢配送進度就好，對吧？

而你的人生，也發生了類似的事情。

- 偶然遇見老朋友
- 受主管稱讚

無論是上述的好事，或是：

- 被公司炒魷魚
- 被男朋友甩掉

這些看似衰爆的事情，一切都是宇宙的安排。

「因為這家公司沒辦法給你千萬年薪」

「因為跟這男人在一起不會幸福」

宇宙無所不知，所以才會這樣做。

追根究柢，

小池這區區四十年得到的經驗跟知識，
簡直跟鼻屎沒兩樣，
怎麼好意思跟全知全能的宇宙相比！

宇宙有無數種超乎想像的高超智慧與妙招，也有數不清的途徑，能實現你的願望。

到底會發生什麼事？這些事情，又如何對目標產生影響？

這些由宇宙思考就好，人類不需要胡思亂想。

那麼，人類能做什麼呢？

那就是**接受宇宙呈現的劇情，積極行動，盡量活用語言之力，加強下訂單的能量**。

該如何加強下訂單的能量呢？

首先最重要的，就是展現你對宇宙之力的信心。

「這種事有意義嗎？」不要用這種膚淺的顯意識思考，動不動就停下腳步！

我叫你跑，你就給我跑！

接著，對於今後發生的每件事，你都必須這麼說！

「讚啦！我的願望要實現了！」

對宇宙下訂單後，對於往後發生的任何事，都必須說出「**連結口頭禪**」。

重點就是，無論遇上什麼事都不例外。沒錯，即使被男女朋友甩掉、店突然倒了、事業失敗、發生意想不到的哀事，都必須由衷信任宇宙，說出：「讚啦！我的願望要實現了！」

理由很簡單。

宇宙非常戲劇化，心思也非常細膩。

而且經常測試下訂者的誠意。

假如下訂者說：

「我明明下訂單了，怎麼還發生這種事！」

那麼，會發生什麼事？

你對宇宙的強烈質疑會傳達給宇宙，不信任訂單的強烈意識也會傳達出去。

此外，你還會不自覺說出這種話。

「我沒救了！」

「到頭來，我還是還不了債。」

「我沒救了」、「我還不了債」……這類訂單會越積越多，導致一連串的衰事找上門。

相反的，若是你能誠心地不斷說出：「讚啦！我的願望要實現了！」每說一次，就等於再下一次訂單，訂單的能量將變得越來越強，加快實現的速度。

因為，宇宙想為相信它、愛它的人實現願望。

所有的能量都來自於「信任」，有信任，才能發揮能量。

因此，若你能承認宇宙存在，相信它、愛它，任何願望都能輕易實現。

被鳥糞淋到
錢包不見
電車停駛
一路都是紅燈
踩到狗大便
願望要實現了!!
讚啦!! 我的

12 該怎樣才能打動人心？朝他的眉心送出「獨門光波」！

從那天起，我變得超級熱愛晨跑，再也不怕早起了。

很奇妙的，無論是爲了慢跑而早起時，或是跑完回家時，光是說了「讚啦！我的願望要實現了！」我就覺得：這天一定會發生什麼好事。

此外，如果當天店裡生意很好，我會說：

「啊，這都是慢跑的功勞！讚啦！我的願望要實現了！」

如果店裡生意不好，我會說：

「這都是慢跑的功勞！

今天我可以說七千次『謝謝』了。

讚啦！我的願望要實現了！」

不僅如此，我開始能自然地說出：「宇宙，眞的謝謝你！」很奇妙的，我開始覺得生活中發生的每件事，都是引導我達成願望的助力。

自從向宇宙許願還債之後，已經過了三年。

我學會用好心情面對生活。

當然，我還在還債，有時也會覺得沮喪。但是，我再也不會去想自己是「全宇宙最不幸的人」了。

有一天，一個老朋友到店裡找我。

「有個便宜的好店面，要不要一起租？我用二樓，一樓就給你用吧。」

當時我租的店面是大樓的其中一戶，客人不方便進出，相較之下，新店面正對大馬路，更適合做生意。而且，我也正好要整理新店面，簡直是千載難逢的好機會。

我一邊說著「讚啦！我的願望要實現了！」（已經快養成口頭禪了），一邊著手準備搬遷店面的事情。

不料，

轉移、整新店面需要資金，但我借了高利貸，沒有銀行願意讓我追加貸款。

我垂頭喪氣地從銀行返家，宇宙先生說：

「怎麼啦，小池，瞧你一臉窮到要被鬼抓走的樣子。」

我看也不看宇宙先生一眼，逕自從冰箱取出氣泡酒，邊喝邊嘀咕：

「嗯，我看換店面是沒希望了。」

「你剛剛是不是說『沒希望』？

你是在跟我下訂單嗎？」

宇宙先生惡狠狠地瞪著我。

「沒、沒有，我沒說。

我只是在想，

有沒有辦法追加貸款呢？」

「什麼嘛，這還不簡單。」

「才怪，一點都不簡單。」

「你剛剛是不是說『不簡單』？

你是在跟我下訂單嗎？」

「不不不不不、不是啦！

說眞的，我是要向銀行借錢耶，

而且已經背一堆貸款了。哪有那麼簡單呀。」

「眞拿你沒辦法。」

語畢，宇宙先生在空中翻了一圈，換成活像電影《福祿雙霸天》（*The Blues Brothers*）[5]的黑西裝跟墨鏡，而且手上竟然握著一把巴祖卡火箭筒（Bazooka）。[6]

「等、等、等一下，

你該不會是

想要我搶銀行吧！」

「白痴喔。

我愛你光波，

可以解決絕大部分的問題！」

宇宙先生將槍口指著我，

囂張地對我擺 POSE，

表情比平常還機車。

「啥？」

「我之前不是說過，『我愛你』三字具有魔力，能使你跟內心的自己心心相印嗎？這對其他人也有效。你去銀行後，先對行員說出『我愛你光波』，然後把我愛你光波射向他的額頭！對準眉心喔！」

「……」

「你傻眼個頭啦！」

5 一九八〇年的美國音樂喜劇片。

6 巴祖卡（Bazooka）是二次世界大戰中美國陸軍使用的單兵肩扛式火箭彈發射器的綽號。

「欸欸，別亂開玩笑啦。
到時我一定會被轟出去的。」
「啥？……受不了，人類這種生物，真是不懂愛的可貴耶。
好，在心裡默念也無所謂，
你就朝著對方的額頭默念『我愛你光波』，懂嗎？」
「拜託你不要鬧了。
做那種蠢事，貸款也不會過啦。」
「你剛剛是不是說『貸款不會過』？
你在向我下訂單嗎？」
「……沒有沒有！好啦，
我照做就是了嘛！」

幾天後，我造訪銀行，心頭七上八下。
（真的要使出那一招嗎……）

「久等了，您要談貸款嗎？」

「是的。」

「這邊請。」

我跟著承辦人員前進，說時遲那時快，突然有人從後面用力踢了我一腳！

「怎、怎麼了！」

「沒事，對不起！我不小心絆到了。」

「快點！小池！趁現在！」

我重新面向承辦人員，說道：

「承蒙您關照，敝姓小池。今天還請您多多指教。」

然後，我在內心大聲呼喊。

（我愛你光波！）
（我愛你光波！）
（我愛你光波！）

「不瞞您說，承辦者換人了。
由於目前沒有人了解之前的詳情，
所以由我來爲您服務。」

在那之後的幾個星期，承辦人員親自來觀看製造T恤的機械，並誠懇地傾聽我的需求；經過面談與提交數份文件，我成功向銀行申請了貸款。

承辦者換人自然是一件很幸運的事情，但我認爲申請貸款成功，主要歸功於我與行員之間的信任感。

13 別擔心！宇宙的三項法則會實現你的願望

宇宙先生教導我三項達成願望的法則：

「想好結果再下訂單」

「遵從宇宙先生所給予的提示」

「將宇宙先生教導的口頭禪掛在嘴上」

我逐漸了解這些法則的意義並身體力行，此後，我對實現願望越來越有信心，也願意爲了還錢做出任何努力。

有一天，我參加一場座談會，講師要我們「寫出不想做的事情」，於是我寫了：

一，不想招呼客人

二，不想推銷

三，不想有庫存

這些「不想做的事情」都是服飾店店員該做的事，別人看了一定會吐槽：「那你幹嘛開服飾店？」

幾天後，我在店裡掃地，宇宙先生突然冒出來，撂下一句話。

「欸，小池，不想幹的話就把店收起來啊。」

「也對啦，乾脆收起來好了，……呃，咦咦咦！」

我被自己的回答嚇了一跳。

畢竟，當時我賴以爲生的收入，百分之五十是來自服飾店，百分之四十來自是能量石手環，其餘則是早上在超市兼差理貨。爲了還債，當然得開源節流，割捨服飾店的重要收入，無疑是一大賭注。

然而，當時我每天都對來買能量石手環的客人說：「宇宙的提示眞的很厲害喔。」這項提示，我實在無法置之不理。

我把心一橫，打電話給中盤商，告訴他：「我的服飾店只做到這一季。」

短短幾小時後，妙事開始接踵而來。

我不再進衣服，所以只剩下整理庫存。服飾的銷量越來越低，而能量石手環的銷量則節節高升。

此外，當時的我還有點沉浸在不幸的氛圍中，因此暗自覺得早上在超市打工的自己「不惜犧牲睡眠，一大早起來打工還債，眞是了不起」。某天早上，我正要去超市打工時，宇宙先生說：

「不能靠本行吃飯的人啊，超廢的。」

「！」

「這還用說嗎？

一流的專業人才，

哪需要去外面打工啊？」

「……」

「你這小子，該不會眞的以爲自己這樣很帥吧？」

「……」

「無法靠專業技能餵飽自己，

就是一個字：遜！」

「……不要！

我不要當遜咖！

我才不廢呢！

我要靠著想做的事情餵飽自己！

我要餵飽自己！」

「OK，訂單下得好！」

回顧以往，早上在超市理貨的打工已持續了八年。雖然我只是兼職人員，但也負責幫部門排班，算是資深員工；有些同事捨不得我走，我心裡也萬般不捨，但最後我還是辭職了。這一辭，我才驚覺一件事。

撇開擔心無法過活與還債的憂慮，很奇妙地，久而久之，能量石手環的收入，已足夠支付我的日常開銷。

14 宇宙先生教你打敗許願新手的程咬金：「夢想殺手」！

就這樣，我收掉多年憧憬的服飾店，辭掉辛苦維持多年的兼差，全心投入經營能量石手環專賣店。聽了我這番話，或許有人會覺得「為了逃避債務，這個人開始迷信怪力亂神了」。

當初毅然決定收店時，腦中也閃過一絲疑惑，心想：「這樣真的好嗎？」而我的親朋好友，也提出許多疑問。

「你不覺得很對不起支持你至今的老客人？」

「想靠賣能量石維生？你太天真了吧。」

有些人直接給予忠告，

「欸，聽說那家店不賣衣服，開始賣起奇怪的手環了耶。」

也有人告訴我，外頭傳出了什麼樣的流言。

就算賣能量手環足以支付我的開銷，這些話語還是有點打擊我的信心。最令我沮喪的，就是多年老友說：「不是說好要靠服飾店發光發熱嗎？變心啦？你放棄啦？真可惜！其實我好失望喔！原來你的志氣只有這點程度喔。」

那天我無法回嘴，只能悶悶不樂地獨自回家療傷。才一到家，一股悲憤交加的情緒湧上心頭。

「啊，可惡！」

我將怒氣發洩在沙發上的抱枕，用力踢了一腳。此時，宇宙先生出現了。

「幹嘛？小池，你今天臉好臭喔。」

「我也是有脾氣的好嗎！

『我好失望喔！原來你的志氣只有這點程度喔！』誰想聽這種話啊！」

「喔？我知道了，那就表示『**你也這麼想**』嘛。」

「啥？」

「啥什麼啥！忘記自己在跟誰說話了是吧？我的意思是，你最近聽到的那些關於收掉服飾店的批評或忠告，全都是你的心聲。」

「什麼！這怎麼可能啊！」

「好，那你幹嘛生氣？幹嘛難過？如果你自己沒那種想法，頂多就是覺得『管他的，別人怎麼想是他的事』吧？

追根究柢，如果你沒有那種想法，根本不會有人特地講出來給你聽啦。因為你所遇到的每一件事，全都來自於你內心的能量啊。」

「咦，呃，可是……」

「可是什麼！小池，你眞是不見棺材不掉淚耶！快給我戒掉『藉口口頭禪』！

我問你，為什麼你回不了話？為什麼那麼在意那句話？難道不是因為他說中你的痛處嗎？」

「……」

「你聽好了，那傢伙是夢想殺手。」

「夢想殺手？」

「許願新手一定會遇到這種人。聽好了，若是夢想殺手冒出來，你就當作是一場考驗吧。」

那些酸言酸語，其實代表你內心的恐懼！

人類是一種極端討厭變化的生物。

不幸的人，內心深處其實覺得淒慘的生活最對味，反之，幸福的人則巴不得一輩子都幸福。

這就是人的本質。

這是一種生存本能，因為大腦中樞（腦幹）判斷，管他幸或不幸，熟悉的狀況永遠最有利於生存。

換句話說，這就是心的根基。

這種根基是很棘手的。

一旦過慣慘日子的人決定「要得到幸福」，向宇宙下訂，身上也開始發生好事，此時一定會冒出程咬金，意圖將他推回以前的慘日子。

就算發生好事，當事者也會覺得好運無法維持。

這就是夢想殺手！

你就當作這是上天賦予潛意識的考驗吧。

很多許願新手從前成天訂製不幸，有一天負責思考的顯意識卻突然訂了超級幸福專案，潛意識不嚇死才怪。

夢想殺手會將許願者本人潛意識中的躁動不安具象化，所以這是一個很大的提示。

以小池的狀況而言，脫離熟悉環境的小池（正確說來，是小池的潛意識）還無法適應變化，因此對現狀感到不安。

而其他人，揭示了這股不安。

常言道：「以人為鏡，可以明得失」，就是這個道理。

他人，就是反映出你潛意識的鏡子。

人類的口頭禪具有能量，這股能量會影響他人對你說的話，以及對待你的方式。

因為，宇宙心理（真理）將所有人類的意識都連結起來了。

「這樣真的好嗎？」你的憂慮會藉由宇宙增強，引來一堆指責你的人。

夢想殺手，就是潛意識憂慮的具象化。

他人說的話令小池生氣、難過、負面情緒爆發，是因為小池內心也有同樣的想法。

那麼，到底該如何戰勝夢想殺手呢？

很簡單。

你從前只點百圓泡麵，如今突然點了三千圓的牛排，因此潛意識開始擔心害怕：

「沒問題吧？這樣真的好嗎？願望要實現了，真的好嗎？」

此時，只要大聲說「YES！」，對自己的訂單懷抱信心就好。

接著，再對自己傳達百分百的愛與信任，對自己重新下訂單。

「我已經準備好迎接巨大變化，

接納幸福了！

因此，我要點牛排！

我要成為吃得起牛排的人！」

這麼一來，那些烏鴉嘴就會閉嘴了，試試看吧！

願望要實現囉，
這樣真的好嗎??
夢想殺手

15 首先，你要當自己的靠山！

「夢想殺手就是我自己……」

「你遵從宇宙的提示收了服飾店，但其實內心深處覺得有點可惜吧？」

「畢竟開服飾店是我長年的夢想嘛。」

「爲什麼？」

「因爲，呃，服飾店很酷啊。」

「誰覺得酷？」

「誰覺得酷？……嗯，大概是周遭的人吧。」

「換句話說，你覺得服飾店很酷所以想開服飾店，其實只是渴望受人矚目、被愛、被重視，想成爲特別的人而已。」

「被你這麼一說，我覺得好丟臉喔。」

「沒錯，你就是個丟人現眼的傢伙。

眞是丟臉丟到家了。

我也講解過很多次宇宙的訂單系統了，

『渴望受人矚目、被愛、被重視，想成爲特別的人』，

你覺得這些訂單的核心是什麼？」

「呃，『做夢口頭禪』訂單，會使這種狀態一直持續下去。」

「一點也沒錯！你就是因爲想著『服飾店很酷，所以想開服飾店』，

才會一直都不酷。看看你自己，爲了追夢而欠下兩千萬以上的債，

這到底哪裡酷？你說啊？」

「……呃，嗯，一點都不酷。」

「我就說嘛。話說回來，人類是一種不喜歡變化的生物。

你突然開了間能量石手環專賣店，導致潛意識退縮了。」

「我的潛意識退縮了？」

「對。雖然現在你跟**潛意識**破鏡重圓了，但它實在被虐怕了，所以你的潛意

識變得有點脆弱敏感。」

「這樣啊……那我該怎麼做呢？」

「首先，你要對自己做的事情有信心，要感到自豪。你覺得能量石手環店怎麼樣？」

「這個嘛……衣服跟手環都是能帶給客人幸福的商品，所以我覺得兩邊都很好。」

「換句話說，你現在完全沒有一丁點『希望大家覺得我開手環店很酷』的想法吧？」

「我想想喔。硬要說的話，我只希望大家幸福快樂就好，而實際上，我覺得大家都過得很快樂。」

「就是這樣！就是這樣！

你跟從前根本判若兩人。

你決定還清債務，得到幸福。

我在課堂上說過，人類是能量的集合體。

宇宙心理（眞理）連結了萬事萬物。

宇宙無法分辨地球上每個個體的能量。

你對自己好，就等於對別人好；你對自己說好話，就等於對別人說好話。因此，讓自己過得幸福，周遭的人也會變得幸福。

周遭的人都幸福，你自己也會感到幸福。這就是宇宙心理（眞理）。

你現在踏出了那一步。

自己做的事情，就由自己來肯定。

如果你不能衷心相信自己、當自己的靠山，

潛意識又該如何相信你、對你微笑呢？

一旦你的潛意識笑了，周遭的人也會跟著微笑。試試看吧。」

之後，我去浴室照鏡子，試著對自己的苦瓜臉微笑。

「我已經準備好迎接巨大變化，

接納幸福了！

因此，我的訂單是還清債務，得到幸福！

我要成爲還得起債的人。

我要成爲幸福的人。」

說出口後，我的心產生了巨大變化。

心底湧出一股興奮期待的感覺，就像小時候迎接新事物一樣。

我對著鏡中的自己說道：

「現在我很好，放心吧。

而且，我覺得能量石手環店很酷啊。

不只酷，還能帶給大家幸福呢。謝謝，我愛你。」

語畢，鏡中的我開心地回望著我。

接著，我在心底鄭重發誓：「我絕對要接納變化，得到幸福」。

第2部

宇宙超喜歡戲劇性

16 抱著白貓的太太，帶來意想不到的好運

變成能量手環店老闆的我，某天對宇宙先生下了這樣的訂單。

「我想擴展能量石手環的業務！

什麼事我都願意做，

請給我提示！」

「喔？小子，你越來越上道了嘛。」

幾天後，我接到一通電話。

「我們是ＨＫＢ的開心電視臺（ウキウキテレビ）。」

（來了！宇宙先生手腳也太快了吧！）

「是！有什麼事嗎？」

我開心極了，電視臺的人卻冷不防地說：

「我們想針對春季服裝特輯登門採訪。」

（咦，服裝！）

向宇宙下訂單後，難得電視臺打電話來，卻……

（奇怪，主題怎麼不是採訪手環？虧我都下訂了！）

我已經不賣衣服了，所以店裡一件衣服也沒有，看來只好回絕了。

「呃，真的很不好意思……」

話還沒說完，宇宙先生突然冒出來，惡狠狠地瞪著我。

（該不會有什麼特殊意義吧？）

我轉念一想，對電視臺的人說：

「我不確定春季服裝準備好了沒，稍後再回電給您！」

然後掛斷電話。

「呃，因爲你叫我把服飾店收起來啊，所以衣服早就沒庫存了。」

我找藉口辯解，想不到宇宙先生不屑地說：

「沒衣服不會去借喔？」

「咦咦咦咦？」

「你不是說什麼事都願意做嗎？」

「話是沒錯啦。」

「還有啊，前陣子教你的口頭禪，你是不是忘了！不管發生什麼事，都要說什麼？」

「啊……遵命！

讚啦！我的願望要實現了！」

我大聲喊了出來，結果眞的開始覺得此事肯定有什麼意義，心中也浮現好的預感。

（反正就聽聽看吧。）

我打起精神，打電話給中盤，告訴他來龍去脈。一問之下，居然有兩間公司願意出借春季新裝協助拍攝，條件是：「如果有人問起衣服的來源，記得幫我們宣傳一下喔。」

「衣服到時會準備好，請務必來敝店採訪。」

我趕緊打電話給電視臺，等待初步面談的到來。

初步洽談的日子到了。

節目製作公司的老闆跟女導播準時來訪。

「久等了！」我開門迎接他們，只見一名奇怪的客人，尾隨他們入內。

「欸年輕人，聽說啊……」

「你是占卜師喔？聽說你超靈驗的耶。」製作單位趕緊讓出一條路，好讓這位太太進來。

「咦？占卜師？」

「我工作的地方啊，有個同事的朋友找你占卜，然後買了念珠。結果啊，聽說從那之後就好事不斷，有一天念珠斷了，她的子宮疾病居然好了耶！」

看來，這名老婦人好像有點誤會。

「不是占卜，是O環測試法啦。而且也不是念珠，是用能量石製作的手環喔。」我解釋道。

「管他什麼跟什麼，總之我也要做那個什麼測試！我現在就去銀行領錢，你也要做一個給我！」

這位婦人連珠砲似地說完一大串後，就又一溜煙走出店外。

在一旁等待採訪的兩名電視臺人員，可沒聽漏一句話。

「剛剛你們在講什麼？」

「你在賣能量石？」

「什麼是 O 環測試法？」

他們瞬間丟出一大堆問題，於是我向兩人娓娓道來，老闆聽完後竟說：

「小池先生，初步討論下次再說，

今天能不能先幫我做能量石手環呢？」

我幫製作公司老闆做了 O 環測試，爲他製作一條手環。他似乎非常開心。

「這下子，我就有希望結婚了，妳不覺得嗎？喏，妳看妳看……」

「請你現在不要跟我說話，我想找一天跟我媽一起來。」

女導播認真地檢視記事本，三天後，她真的帶媽媽一起來了。

他們擇日再訪，結果沒先敲流程就正式錄影，錄了整整三小時，播出時間卻只有四分鐘。

令人驚訝的是，四分鐘當中，有三分鐘是在談論能量石手環。

節目一播出，電話馬上響個不停，手環的預約瞬間排到下個月底。

另一方面，完全沒有人打電話來問春裝。

從那之後，我的生意立馬變得超好。

電視宣傳的熱度雖然無法維持太久，不過沒關係，在老客戶的口耳相傳之下，又有新的客人來預約，名聲也越傳越廣。

17 遇事不要中途亂下定論，因爲彩蛋常排在後頭

幾個月後。

「小池，你好像變得很忙嘛。」

「是啊。不過，我覺得好充實喔！」

「嗯，畢竟能量石跟金錢一樣，都是能量的集合體啊。

你的口碑越好、良性循環越旺盛，能量石的主人也更容易實現願望訂單。」

「原來如此！

話說回來，電視臺採訪是宇宙一手策劃的吧？真是太感謝了。」

「那都是抱著白貓的那位太太的功勞啦。

你得好好向人家道謝才行。下次請她吃個壽司吧。」

「啊！」

這麼一說，我才發現一件事。

抱著白貓的太太，那天並沒有回來我的店⋯⋯

18 宇宙的運作系統就是「事先付款」

（宇宙先生明明是虐待狂，我卻無法討厭他。）

多虧了宇宙先生，儘管我仍背負著債務，日子卻比以前快樂不少。這陣子，我化被動爲主動，常邀請宇宙先生給予提示。

「問你喔，宇宙先生。」

「幹嘛。」

「我覺得，應該有些人懷疑能量石手環的效力吧？」

「這個嘛，畢竟人類的肉眼看不見能量啊。

爲什麼肉眼看不見，就不願意相信呢？

其他人看不見我，但我一點也不可疑吧？

若是用肉眼判斷事情，就會在關鍵時刻誤判喔。」

「……」

「喂，臭小池，你不要一臉傻眼好不好？

好啦，說得具體一點，現在是什麼情況？」

「就是，男性比較容易對靈性世界反應過度。

我看著那些客人，他們有些人覺得這是東方醫學，所以不可信，

而有些人認爲是西方醫學，因此很放心。大概就類似這個情形吧！

他們好像比較信任科學與學術呢。」

「人類這種生物眞奇怪啊。

論科學，還有比宇宙眞理更科學的領域嗎……算了。

小池，反正不管你那顆小腦袋瓜怎麼想，

宇宙的系統就是這麼簡單。

無論人類了不了解，宇宙都同樣運作，就這樣。

對了，好，那就把你的手環變得科學化、學術化，不就行了嗎？」

「科學化？」

「既然科學與學術這麼令人放心，

你就先去學學心理學跟教練課程 (coaching)，[7] 如何？

反正學了對做生意也有好處啊。」

「心理學跟教練課程啊……我懂了。」

我趕緊進行調查，一查之下，覺得這領域很接近宇宙先生所教導的宇宙真理，

於是決定投身研究。

然而，我查了幾個心理學講座跟教練講座，結果……

「哇賽，參加講座要五十萬喔。

7 此處指的是人生教練、職涯教練等幫助客戶達成個人目標的教練。

而且地點在東京……」

參加講座就能增加客人對我的信賴，但是費用實在昂貴。

「嗯……等客人多一點再來考慮好了。」

「小池！有種再說一次！」

宇宙先生突然冒出來，活像個凶神惡煞。

「噫啊啊啊啊啊……你幹嘛啦！」

「我說，你剛剛說什麼，有種再說一次！」

「沒有啦，我是很想參加心理學講座，

可是實在太貴了，

想說等債務減輕一點，再來考慮看看……」

「我說你啊，根本不懂金錢的運作方式嘛！

金錢這玩意兒啊，是預付系統啦！」

「預付系統？」

「如果你想要錢的話。」

「想要錢的話？」

「現在馬上給我付錢！」

「啥？我就沒錢啊，要怎麼付錢嘛！」

「不對，你就是不付錢，才賺不了錢啦！」

「什麼鬼？你說的話根本亂七八糟嘛。」

「你的腦袋才亂七八糟咧！

宇宙是預付系統啦！

如果你想要錢，就給我付錢！」

「我就說沒有錢嘛！」

「我的天啊，受不了，你這個大白痴！

宇宙是無限的能量體，

而金錢，則是由人類的『感恩』與『愛』所形成的能量體。

能量不喜歡停滯。

電流停滯就會消失，水流停滯就會發臭。
同樣的道理，所有的能量都必須流動，你才能運用能量。
小池，如果你現在需要錢，就必須先付錢，讓金錢流動、循環。」
「話是這麼說……可是沒錢就是沒錢啊……」
「好，都到了這節骨眼，你還想送出『沒錢就是沒錢』的訂單？
煩死了！你真的超級煩！
你們人類真的是『負債口頭禪』的寶庫耶。
你不膩我都膩了。」
「負、負債！千萬不要對我講這兩個字啊。」
「廢話一堆，我管你那麼多？
不爽的話就把負債變成資產啊。小池，這對現在的你而言或許需要勇氣，但若是猶豫不決，金錢就無法流動了！

能量會停滯，宇宙訂單也會停滯！」

「金錢、的、流動……」

「小池，你跟我重逢時，不是爲了償還高額債款而拚命賺錢嗎？你拚命還債，想必心裡認爲：

『金錢留不住』『金錢只會折磨我』吧？

可是啊，其實金錢是愛與感恩的能量才對喔。」

「愛與感恩？」

「沒錯。所以，付錢時必須心懷感恩地付錢，收錢時必須心懷感恩地收錢才行。如果接受、支付時心裡沒有愛，金錢就無法發揮原本的力量。」

「嗯，換句話說，就算我沒有錢，現在也必須想辦法付錢才行，對吧？」

「沒錯。」

「不僅如此，我還必須懷著愛與感恩，開開心心地把錢送出去，

對吧？」

「一點也沒錯！
花錢的方式就跟下宇宙訂單的方式一樣。
首先要決定用途，一點也不能含糊。
花到什麼時候？爲了什麼而花？要花多少？
我再強調一點，你不是爲了還錢而賺錢，
而是爲了讓愛與感恩得以循環，才必須賺錢的。」
「我向宇宙下了還債訂單，是不是錯了？」
「不能說你錯，但能量會稍微弱一點。」
「這樣啊。」
「所以，我看你也差不多該重新下訂單了。」
「好。」
我想了一會兒，接著向宇宙下訂單。
「我周遭相信宇宙、向宇宙下訂單的人變得更多，奇蹟也變得更多更多，幸福的人變多了！變多了！」

「喔？這項訂單的所需提示，我已經告訴你囉。」

我筆直走向電腦，在看中的心理學講座報名表中填入姓名與地址，完成申請。

緊接著，我突然心情變得很輕鬆，一股幹勁油然而生。

這一天我心情非常平靜，晚上睡得又香又甜。

19 錢進得來，大家發大財！宇宙先生教你「入帳口頭禪」

就這樣，我決定參加東京心理學講座。儘管必須先籌錢，心裡卻不再煩惱了。既然決定參加講座，報名表也送出了，付款期限也公布了，接下來就是思考該如何在截止日期前籌到錢。

於是，我試探性地詢問宇宙先生。

「問你喔，宇宙先生。有沒有什麼發財口頭禪？」

「你想知道的是『入帳口頭禪』嗎？」

學會「叮叮口頭禪」，讓你的宇宙銀行存款越來越多！

如果你了解金錢的系統了，就想像一下自己的宇宙銀行存摺存款越來越多，一邊說說看「叮叮」。

說「謝謝」時，也不妨想像一下宇宙存摺入帳的樣子。

此外，向宇宙下訂金錢時，與其說出金額（像是「一百萬入帳了」），不如連用途都設定清楚，再向宇宙傳達，如「為了取得證照而必須參加的講座費用五十萬，以及交通費用十九萬四千三百日圓，都在四月二十九日前湊齊了」。

將不用的存摺拿出來，寫上日期、存款金額與用途，在白紙黑字的幫助下，能使你送出更具體的訂單喔。

此外，**因為金錢是愛與感恩的能量，所以這筆錢必**

須與家人的幸福有關。

例如：「取得證照後，客人就能放心來店裡了。開開心心回家的人變多了。」

然後，不管每天遇到什麼事，你都必須在腦中默念：「叮叮」。

尤其是做討厭的工作時、被主管責罵時、慢跑跑得很痛苦時、讀書讀得很頭大時，當你覺得自己在「勞動」的時候，勞動時薪正一點一滴存入你的宇宙銀行帳戶，而且利息相當驚人。

這些存款會一一存入你的宇宙帳戶，最後提領出來，化為你的美好生活。

錢存進來了！
錢存進來了！
叮リー叮
叮リー叮
宇宙銀行

20 學會超厲害咒語，讓所有人事物都在一週內改變

就這樣，我籌到了講座費用跟交通費，開始在東京研習心理學。我覺得自己的世界越來越寬廣，越是鑽研人心，我越覺得自己朝宇宙眞理更靠近了一步。

改變信念療法（Belief Change Therapy）、格式塔療法（Gestalt Therapy）、催眠（Hypnotherapy）……各國多年來所研究的心理治療，有一項共通點，那就是去除深植於潛意識的信念（根基），然後自己設定新的根基。

改善創傷與憂鬱，也是要消除潛意識中的心結，將當事者導向健康的狀態。

這些心理療法，多半與宇宙先生的教誨有異曲同工之妙。

用「謝謝」來淨化潛意識、用「我愛你」與潛意識心心相印、用全新的價值觀向宇宙下願望訂單……宇宙先生所教導的道理，全都與心理療法息息相關。

隨著學習心理學與教練課程的時間越來越久，有些來訂做手環的客人表達了「想接受心理治療」的意願。

客人遇到好事之後，又藉由口耳相傳又幫我帶來更多客人；代表愛與感恩的金錢，就這樣匯聚到我店裡。

宇宙之力真是驚人！

如今的我，對宇宙先生再也沒有一絲一毫懷疑。

不僅如此，我也希望能讓更多人知道，宇宙系統有多麼厲害。

我對著訂做手環的客人娓娓道來，包括宇宙先生所教導的宇宙系統、帶來正能量的「奇蹟口頭禪」……久而久之，有些客人表示還想了解更多，就在此時宇宙先生冒出來了。

「喂，小池，你想窩在店裡嗑瓜子聊宇宙聊到什麼時候！找個更大的地方，讓更多人聽見啊！」

「咦，要我在一堆人面前演講？

呃，你明明知道我不擅長在眾人面前講話啊。」

「少在那邊講一些五四三的藉口了。

你要讓全世界的人知道，我是如何讓滿臉鼻涕眼淚的小池成長茁壯，

你要把這個奇蹟故事告訴全世界！

這是你接下來的任務！」

「奇蹟故事……講得好像海倫・凱勒似的。」

「對，一點也沒錯。我就是奇蹟。我就是蘇利文老師。[8]

對了，你不是有幾個客戶是媒體人嗎？

去找他們商量啊。」

「……」

8 全名 Anne Sullivan Macy，一八六六—一九三六美國殘障教育家，為海倫・凱勒一生中最重要的啓蒙老師。

「喂喂喂，你傻眼個什麼勁啦！
不要用你那顆小不拉嘰的腦袋煩惱！
我給你什麼提示，你就給我照做！」
「提示？你只是想自賣自誇而已吧？」
「那還用說？也不想想要不是有我，你哪有這天？
人類必須了解宇宙的系統！
況且，我之前也說過，宇宙的奇蹟庫存過多，
所以你必須趕快叫大家來訂製奇蹟！
了解宇宙系統的人接下來要做的事，
就是不能讓奇蹟只在自己身上發生，而是必須傳達給放眼所見的所有人。

因為，你眼中所看到的世界，全部都是你！」

「啥！你說什麼！全部都是我？」

說吧！我、你、他它牠，「全部都是我！」

很多人以為宇宙只有一個，這可是錯得離譜。

只要有一個人，就有一個宇宙。

千萬別忘了，**宇宙的所有人事物，全部都是自己的化身**。

現在小池眼前的人，就是小池的能量本身。不只是人，小池所處的環境、所使用的物品，也全都是小池能量的具象化。

墜落不幸深淵的人，要嘛只會遇到尖酸刻薄的人，要嘛只能用破掉的杯子。

「那也是我，這也是我，那也是我……」

複誦上述那句話，一邊看看這個世界。

這麼一來，你就能用客觀的角度看自己，也能看出自己需要什麼、想變成什麼模樣。

接著，再用口頭禪改變潛意識（就像以前那樣），就能改變狀況，將你的宇宙變成截然不同的世界。

你會開始遇見善良的人、充滿愛心的人，也能得到喜歡的馬克杯、軟綿綿的毛巾。

一旦了解宇宙系統、世界開始轉動，接下來，就該將愛己擴大為愛人，將宇宙系統推廣出去，為所有事物灌注愛的能量。

換句話說，你必須不斷向外分享宇宙訂單的竅門，以及身上所發生的奇蹟。

然後，再向宇宙訂製萬物的幸福。

不過，這並非要你將別人改造成自己想要的樣子。

不要區分你我。將所有人都當成自己，好好對待大家，然後向宇宙下訂單，祈求自己的宇宙風調雨順、平安幸福。

如此一來，久而久之，你只會在自己的宇宙之中，遇見幸福快樂的人。

別人有可能擅自改變，你們也有可能從此不再相見。

你會不自覺想去空氣新鮮的美好場所，也會想住在那樣的地方。

舉凡身上的衣服、住處、日常雜貨，都會在不知不覺中換成更美好的東西。

如果不信，就試試看啊。坐而言不如起而行！

我也是小池
我也是小池
我也是小池
好好珍惜它
這毛巾
也是我
我也是小池！
我也是小池
我也是小池

21 你知道宇宙的「超好康」系統嗎？

「居然要我在眾人面前說話……不、不行，不可以想太多！宇宙的提示關鍵在於最初的 0.5 秒，不可以思考！只要馬上行動就行了，對吧？」

「沒錯，馬上就去做！現在去做！」

我懷著忐忑不安的心情，打電話給某家雜誌編輯部。

其實，以前我曾經接受仙台的在地情報誌採訪，責任編輯上門訂做了一個手環，由於願望很快就實現，因此消息轉眼間傳遍整個編輯部，到頭來有一半以上的編輯與美編都戴著我做的手環，簡直跟員工證沒兩樣。

（呃，可是突然打電話過去說『我想辦講座，請告訴我該怎麼做』，人家會不會覺得我是怪咖……不，別想了，動起來動起來！）

我戰戰兢兢地打電話給情報誌的編輯。

「我想辦一個講解宇宙系統的講座。」

「小池先生，您來得正好！

不瞞您說，我調到一個負責辦活動的部門了！

若有我能幫忙的地方，請儘管開口！」

「眞的嗎?! 謝謝您！」

不僅如此，這位編輯還說：

「小池先生，大家都說你提到的宇宙系統很有趣，不推廣出去實在太可惜，所以接到這通電話，我心想：機會終於來了！這個講座一定能吸引很多人的！」

就這樣，我開始著手準備講座。

第一步，我先在店裡舉辦小型座談會，向幾位聽眾講解宇宙系統，請他們塡寫問卷，然後再一點一滴改進、摸索（聽眾們想聽什麼？該如何才能講得更好？），之後再逐漸擴大規模。

起初我緊張得冷汗直流（現在也是），怎麼講都講不好，簡直一個頭兩個大。但我秉持著一顆「希望推廣宇宙系統」的眞心，說著說著，我漸漸愛上對群眾說話的感覺了。

儘管擴展速度不快，講座的規模確實越來越大，聽眾也越來越多。

除了宇宙系統，我也向觀眾暢談宇宙先生的霸道與功勞，每次觀眾都聽得津津有味；參加過講座的人，一個個都開始向宇宙下訂單了。

有一天，講座結束後，我在回程路上對宇宙先生說：

「剛開始我還懷疑自己無法辦講座，但漸漸地，我卻越來越樂在其中。」

「那還用說。

因爲啊，雖然你自認爲自己不擅長在眾人面前講話，

但你需要的能力，宇宙一定會給你。」

「……眞的假的啊。」

「因爲能力也是能訂製的啊。」

「什麼！我以為有能力的人才能實現訂單，

原來恰好相反？

連能力都能向宇宙訂製？

好扯喔，太好康了吧！」

「所以說囉，宇宙是一個超級好康的地方啊！

滿地都是甜頭，

只有你專門挑苦頭吃！」

每天高喊「我有能力了」口頭禪，實現比登天還難的訂單！

被虐狂最喜歡做的事，就是明明有想做的事、想要的東西，也會找一堆藉口推託（比方說「因為怎樣怎樣，所以不可能啦」「我最不擅長○○了」），遲遲不肯行動。

此外，奸詐的人類會藉由找藉口不行動，為自己留下一線希望（「我只是不做而已，要是真的做了，一定能成功的」）。

可是！當這種人在地球上的壽命盡了，回到宇宙時，一定會大喊：「慘了！我還沒有做那件事，這件事也還沒做啊！我到底在幹嘛啊！去地球的時候都忘光光了啦！」

然後，他們會說：「我還有心願未了，再回去一趟好了。」結果回到地球後，又啥事都不幹。

事實上，這種喜歡反覆幹蠢事、製造惡性循環的人類還挺多的。地球是行動之星，不行動怎麼行？人類不就是知道這點，才會來到地球嗎？

聽好了，我來告訴你一個道理。

實現訂單的所需能力，會自動擁有。

有時是忽然擁有，有時是擁有那項能力的人親自送給你。總之，即使現在沒有能力實現願望，只要好好下訂單，宇宙就會賦予你所需的能力。

因為能力是靠下訂得來的。

你們在地球上所使用的軀體，雖然性能各自略有不同，但基本上，都具有實現所有訂單的效能。因此，當你挑戰新事物時，就對宇宙說出這句話吧。

「我有能力了！」

接下來，只要相信宇宙，全力行動即可！

業務力UP
口才UP
企劃力UP
拿去！
能力
大爆發!!

22 宇宙的訂單系統，逾期就會增加利息

宇宙會賦予你所需的能力與金錢。時機到來，勢必水到渠成。

我對此深有體悟。

此時，宇宙先生出了一項功課給我。

「多體驗一些，多練習幾次吧！」

當我決定「每次去東京都搭商務車廂」，我就賺到了足以搭乘商務車廂的錢；

當我決定「參加這場講座」，我就在繳費期限內賺到了報名費，一毛不差。有了這幾次經驗，我越來越確定「心裡要什麼，就能得到什麼」。

不僅如此，講座參加者們也向我分享了各自的經驗談。看了許多人向宇宙下訂單、實現願望的過程，我不禁認爲其實還有一項法則。

那就是：**如果期限到了還沒實現訂單，那麼應該有利息**。

有一天，我向宇宙先生提出一個問題。

「訂好日期再下訂單，通常都能如期實現，可是有時也會延後幾天，或是當事人都忘了訂單才實現吧？這種時候，總覺得得到的好處反而比當初下訂單時更多，是我多心了嗎？」

「啥？這不是很正常嗎。」

「咦？這樣很正常嗎？」

「沒錯。基本上，宇宙會如期實現你的訂單，但隨著下訂者的狀況或時機、許願內容的不同，有時宇宙會選擇更戲劇化的方式呈現。」

「戲劇化？」

「例如，一個不紅的音樂人在年初時決定『今年一定要正式出道』，然後向宇宙下了訂單。

他遵從宇宙的提示努力了一整年，就這樣等到十二月三十一日。

喏，小池，你怎麼看？」

「怎麼看……覺得很遺憾啊。心裡可能會想：『願望沒實現，可惡！』這樣。」

「那句！就是那句不行啊，小池！

『願望沒實現』這五字，等於是向宇宙下訂『無法實現願望的人生』啊。」

「可是，我了解他的心情啦，畢竟他下了『一年內正式出道』的訂單，結果沒有實現嘛。」

「了解個頭啦，白痴！

逾期才好，機會才大啊！」

「太、太難懂了吧。」

如果願望沒有如期實現，快大喊「讚啦！我有利息了！」

在宇宙訂單加上期限，除了使訂單內容更加具體、加強當事者實現訂單的決心之外，還有一個原因。

因為宇宙有利息制度。

小池背債背怕了，聽到利息只會往壞處想，但這邊的利息是指好的利息。

向宇宙下願望訂單，訂好期限，也照著提示實行，日子到了卻沒有實現，這時你的機會來了！

這是得到額外福利的機會！

期限到了卻沒有實現，代表宇宙正精心計畫一場更戲劇化的演出！

換句話說，宇宙本身也很享受這份訂單，所以才花費比較多時間。

比如……

假設你是一個渴望正式出道的音樂人。

宇宙為了增添戲劇化效果，於是設計了一個驚奇又扣人心弦的橋段，那就是，有一天，當你在街上演奏時，恰好遇上到日本訪問的瑪丹娜……

因此，

如果逾期了，你就這樣大喊：

「讚啦！這下子就有利息了。

我能得到更多好康了！

宇宙，謝謝祢！」

畢竟，宇宙最喜歡為滿懷信任、樂在其中的人實現訂單了。

祂一定會得意忘形，為你準備一場超級戲劇化的驚喜。

記住，絕對別說「搞什麼，根本沒實現嘛」。

近在眼前的華麗驚喜，很有可能轉眼間化為烏有，千萬要注意。

23 想結婚，就找宇宙媒人網！

遇見宇宙先生，算算也五年了。

現在，我再也不擔心還不了債了。我一邊償還大筆債款，一邊享受每一天的生活，開心得不得了。

此時，我的心浮現一筆新訂單。

於是我決定一鼓作氣，向宇宙先生下訂單。

「宇宙先生，我想下訂單！」

「啥？」

「我想找一個人生伴侶！」

宇宙先生擠出前所未有的賊笑，說道：

「小池，你這小子，當起懷春少男啦。你想實現願望嗎？」

「既然是訂單，請你一定要幫我實現。」

「哇賽，硬起來了耶。好啊，那你在這裡宣示。」

「宣示？」

「對。什麼時候之前要結婚？宣示一下。」

「什麼時候之前……好，那我要在一年內結婚！」

宇宙先生毫不理會害羞的我，目光炯炯有神地說道：

「好，沒問題！我去送一下訂單，馬上回來。」說完，他便潛入泉水，半晌後再度現身。

「好，訂單送完了。」

「那我接下來只要等待你的提示就好，對吧！」我興奮地說。

「不對，不大一樣。

如果想訂的是人與人之間的緣分，理論上必須委託宇宙媒人網。這是那些傢伙的管轄範圍。」

「你說，宇宙媒人網？」

「嗯，等我一下。」

語畢，宇宙先生將手伸進泉水裡，拉出一個東西。

「喂，是媒人網嗎？

我們家的小池終於想結婚啦，

咦？嗯，對對，總算來到這一步了。

說來全都是我的功勞啦。

總之就萬事拜託囉，拜！」

說完，宇宙先生切斷通話，將手機扔進泉水裡。「好，收工囉。」

他邊說邊飛進廚房，打開冰箱大聲嚷嚷。

「哇賽，小池，不簡單嘛！
從氣泡酒升級成罐裝啤酒啦！」

幾天後，我目睹了一幅非常可怕的情景。

那時是半夜。

我去上廁所時，發現浴室的燈沒關。

（奇怪，我忘了關嗎？）

正想關燈時，裡面卻傳出了聲音。

「嗨！小緣，等妳好久啦。好久不見！」

我稍微打開浴室的門，探頭一看……

「是呀！真的好久不見了耶！哎唷，還不都是你們家的……小池對吧？他完全不求桃花，所以我沒機會來呀。」

「總之咧，難得有機會相聚，
來乾一杯吧！
那小子以前一直喝氣泡酒，
最近終於換成啤酒啦。
從頭窮酸到尾，
可是他最近簡直變了一個人呢。
對了，宇宙媒人網
有什麼好女人嗎？」

（宇宙媒人網？不就是前幾天宇宙
先生講的那個嗎！）

「呵呵呵呵呵，當然有呀！幾天前有
個女孩貼了張徵男友啓事呢！她跟小池

眞是絕配。喏，你看！覺得怎麼樣？」

「喔喔喔喔！哇賽，是個超級好女人耶。配給小池太可惜啦！」

（我不在旁邊就亂講話……話說回來，好想好想看照片喔。）

「好，那我去處理一下喔」

「嗯，拜託妳囉。」

隔天，

我一如往常地去中盤商購買製作能量石手環的材料，這天我突然覺得，平常總是笑臉迎人的店員，好令人動心。

24 學起來！終極「神社參拜法」，讓你跟宇宙連結起來！

店裡的生意很穩定，我的債務也越來越少。

「明明債還沒還完，我卻每天快樂得不得了，眞不可思議啊。謝謝您！」

有一天，我在店裡喃喃自語時，宇宙先生突然冒了出來。

「小子，眞有你的。

你不僅沒有輸給延遲，

而且無論遇到好事、壞事都能保持好心情，也不忘說謝謝。

你越來越了解宇宙系統了嘛。

好，差不多該去神社囉。」

「神社嗎？我偶爾會去參拜啊。

尤其是出外旅遊時……」

「不對！

你最該去的神社，

是自己居住地的神社，要去拜氏神[9]才對！

中田神社！你要定期去中田神社！

尤其是月初，每月的一號早上，一定要去啦！」

「好，我知道了。

可是，爲什麼非得拜氏神不可？」

9 日本同一聚落、地區居民所共同祭祀的神道神祇。

「你還敢問爲什麼！不感謝在地神明的保佑，而去感謝天照大神，說穿了就只是一日信徒而已啦！

就跟看到藝人就尖叫沒兩樣！更重要的是，你應該感謝上天讓你活著，感謝陪伴你的人，感謝當下才對吧！」

「原來如此，滿有道理的。」

「況且，**神社啊，可是跟宇宙眾神網連結在一起喔！**」

「呃……眾神網？」

「沒錯。所以，宇宙能透過每座神社看穿一切。」

下個月的一號清晨，我一如往常地進行

完「謝謝，我愛你慢跑」之後，便依約定去參拜氏神。

「呃……希望能早點還完債！」

「大笨蛋！不要在神社對神撒嬌！」

「咦咦咦，神社不是許願的地方嗎？」

「錯！錯！錯！我還以爲你稍微懂了點皮毛，結果還是什麼都不懂！」

〇月×日
宇宙級大師──宇宙先生的第11課
值日生（永遠都是小池）

不要在神社許願，要大喊「託福託福」！

宇宙輸送管或能量循環系統，地球也有好幾個。

其中之一，就是每個人都有的下「訂單」的管子。

當然，將自己的宇宙輸送管清乾淨、確保管道暢通，確實是最重要的事；若能辦到這一點，就能使用地球上的各種管子，讓能量循環不息。

像神社這類磁場好又具有能量的場域，能跟宇宙直接連結，也能將想法傳達給宇宙。人與人之間的氣流，也是有管線的。

自古以來，日本人對這管線可是再熟悉不過。

當遇到好事時、天天平安快樂時，人們不是都會說「託福託福」嗎？

「託福」裡頭的「福」，就是冥冥中在各種管線流通的能量。

換句話說，你在無形中依託了許多力量。

另一方面，日本人最喜歡神社，但說到去神社向宇宙傳達想法，很多人都誤以為是要去「許願」。

大錯特錯！

宇宙是一股龐大的能量。

而能量，是由愛與信任組成的。

無論是人類、金錢或是宇宙，只要是由能量組成的萬物，都是在受到信任、肯定與愛護的時候，才能發揮最大的力量。

因此，去神社，你只需要做一件事。

先報上姓名、住址、表明身分，接著再向宇宙傳達信任與愛，好好道謝。

「託您的福，讓我能平安迎向新的月份。
感謝您總是賜予我很棒的能量，我愛您。」

這段記得學起來！

供奉香油錢，同樣也是向宇宙傳達愛與感謝的行為。

將愛與感恩的能量送到宇宙，才能促使能量循環，進而使宇宙能量流向你自己。

25 神的使者，烏鴉天狗現身！

這幾個月來，我每月一號的清晨一定會去神社，向神明及宇宙道謝。有一天，我去神社參拜後，決定邀請心儀的那個女孩跟我約會。

四十歲背了一身債的我，幸福終於來敲門了。

這是值得紀念的初次約會，該去時尚酒吧呢，還是海洋館？我想了很多方案，此時宇宙先生突然從她背後冒出來。

「小池！約她去山寺！」

「山、山寺？……山形縣那個？階梯超難爬那個？」

「對。你別問了，快約她去！」

「要……要不要去山寺？」

「好呀！我很想去！」

就這樣，我遵從宇宙先生莫名其妙的提示，邀她去山寺約會。約會的日子，終於到了。

山寺是山形縣山形市的某座觀光勝地，山上零星豎立著幾座小寺廟。我們先在山腳的禮品店吃糰子、逛雜貨，接著開始爬階梯。來到半山腰時，她忽然止步說道：

「啊，我披肩不見了！」

「啊，我去找找喔。」

我立刻接腔，然後開始往回走下階梯。

我可不想讓她來回爬好幾趟。

「小池，你知道披肩掉在哪裡嗎？」她對我喊道。「安啦、安啦」我邊說邊輕快地走下階梯。

話是這麼說……，

但其實我根本不知道披肩掉在哪裡。

總之，我決定先沿路回頭找。

不料，走到一半，卻突然刮起一陣強風……

「喂，我知道你是誰喔。」

有人朝我說話，抬頭一看……

「你、你是誰？」

宇宙先生、宇宙媒人網……我什麼大風大浪沒見過，早就對奇怪的東西見怪不怪，於是我一邊趕路，一邊向那東西答腔。

「有！**我是烏鴉天狗**！[10]

你是常來中田神社參拜的小池吧？」

10 也叫烏天狗和鴨天狗，是日本傳說中的妖怪。是天狗的一種，因有著和烏鴉一樣的尖嘴和漆黑的羽翼得名。

「是、是的！平常承蒙您關照！」

「聽說你交到女友了？

小緣告訴我囉。

而且今天是第一次約會？」

（怎麼，他們倆認識？）

「是的！她是個很棒的女生。」

「然後咧，披肩不見了，所以你要回頭找對吧？

難得第一次約會，

你應該很想耍帥吧？」

烏鴉天狗堆起笑臉。

「哈，是的，這個嘛，能耍帥當然是再好不過了。」

「我就大發慈悲教你吧。

話才剛說完，我腦中就浮現披肩掛在茶店板凳上的影像。

「好啦，下次要再來神社找我喔！」

烏鴉天狗頓時消失無蹤，我去他指示的地方一瞧，果眞找到了披肩。

各位讀到這兒，八成認爲我有超能力，或是腦袋不正常吧？不過，我覺得宇宙先生說的沒錯。

「原來，世界上有許多管子通向宇宙，也有各種類似宇宙先生的人（？），從各地給我提示呢。」

26 你要「背著債務結婚」，還是「還完債再結婚」？

在那之後，我跟女朋友交往得很順利，有一天我終於確定「她就是我的人生伴侶」，腦中卻浮現那件事。

那就是：我是要先花幾年還完債，再跟她結婚？還是背著債務跟她結婚？

當時我還欠一千兩百萬。

儘管收入持續增加，也不再擔心還不出錢，但一千兩百萬的債務，實在不是一件光采的事情。

好了，這下該怎麼辦？

我決定將當下的心情告訴女朋友。

「我很認眞地思考與妳的未來，
只是，我身上還有債務……」
她憂心忡忡地注視著我。
仔細一看，宇宙先生、小緣跟烏鴉天狗都在她後面，惡狠狠地瞪著我。
「你該不會是想要她等你吧！
只因爲之前點的豬排飯還沒吃完，就要人家等你？」
「可是，我身上還有債務，
不確定能不能讓她幸福……」
「……那你怎麼想？」
「咦？我？」
「你覺得背債的自己很悽慘嗎？」
「不、不，我很幸福，也很快樂。
所以，現在我幾乎不把債務放在心上了。」
「你不是一邊吃著豬排飯，

一邊還把手伸向中式涼麵嗎！

而且還邊嗑邊傻笑！

換句話說，你的心之根基改變了，

早就不受以前的訂單折磨。

無論是中式涼麵或豬排飯，你兩邊都吃得津津有味。

那不就跟豬排飯消失了沒兩樣嗎？

小池，你已經跟背債地獄說拜拜了！

現在是背債天堂才對吧？」

「啥？」

「臭小子，之前你不是說過嗎？

『眼前的豬排飯能不能馬上消失？』

唯一的方法，就是豬排飯跟中式涼麵都開心地吞下去！

而最高級的中式涼麵，現在就在你眼前。

你不吃嗎？不吃的話我吃囉。」

「呃！我不要！」

我注視著她。

「我身上還有債務……」

「……可是。」

宇宙先生、小緣跟烏鴉天狗都死命盯著我。

「請跟我結婚！」

「好！」

從那天起，一切事情都進行得很順利。

她完全不擔心我的債務。

拜訪她的父母時，我說：

「我有債務，但我一定會還清的。」

而他們也溫暖地回答：

「你不要一個人承擔，記得叫小女幫你分擔一下。」

就這樣，我得到了最棒的人生伴侶，不久也生下兩個可愛的女兒。假如我當初堅持「不還清債務不結婚」，或許最愛的人已離我遠去，我也不會有這兩個像天使一樣可愛的女兒。

剛遇見宇宙先生時，我向宇宙所下的第一個訂單是「十年內還完債務」。

但是，自從了解宇宙系統，我的訂單變成「希望我跟我愛的人，以及來買能量手環的客人能夠得到幸福」，而我也經常反覆默念。

因為我發現，**所謂「訂單」，就是由愛與感恩所發出的能量。**

27 運用伴侶的力量，使下訂能力加倍威猛！

結婚典禮那天，宇宙先生只對我說了一句話。

「你要發誓，絕對絕對不能讓老婆擔心錢的事情！」

「那當然！」

婚後，家裡的經濟由我管控，還款狀況順利得驚人。

當月銷售額及剩餘債款的詳情，我一概不告訴妻子，以免她操心。

當初剛結婚時，我許願祈求「還債之餘，每個月家裡都有八十萬的進帳」，

而妻子所許的願望只有「每天全家都能幸福地一起吃晚餐」。

我告訴宇宙先生這件事，他開心地笑著說：

「夫妻就是要琴瑟和鳴。

只要能百分百互相信任，就能增強宇宙訂單的能力。

小池，你太太訂了幸福的時光，

而你訂了幸福時光所需的金錢，

簡直是模範訂單啊。」

沒錯，妻子的確是百分百信任我。

「阿浩，既然你這麼說，那一定就是這樣。」

自始至終，她對我沒有一絲懷疑。信任所帶來的喜悅與愛，使我更加有幹勁。

此外，婚後小緣也不時來串門子，提點我該如何與心愛的人共築美滿婚姻。

到百貨公司購物時，小緣會在我耳邊說道：

「小池!我說呀，

買自己的衣服時，別忘了也幫太太買唷！
還有，幫太太買衣服時，
千萬不要小氣！」
「嗯嗯，小緣，我也是這麼想的。」
「男人呀，如果能使太太過得幸福，
就特別容易得到成就感。
有了成就感，就能使能量循環。
能量循環起來，任何事都能順順利利。
因此，買東西千萬別看價錢。
管它貴還是便宜，喜歡就買。
只買喜歡的東西。
建議你跟太太貫徹這個原則。」

○月×
小緣的特別課程
今天宇宙先生休假
值日生(永遠都是小池)

男人要說：「我讓女神過得幸福，我是好男人」

小池，你終於得到幸福啦。

恭喜你。

在此，我要為你特別上一課，教你男女相愛之道。快做筆記呀，筆記！

首先，男人呀，面對女人，千萬不能覺得自己是老大。

女人都是女神。

陪在你身邊的愛人，你一定要把對方當成女神。

就算當了丈夫，也絕對不能耍大男人！

「喂，倒茶！」

說出這種話，到時被潑茶也是自找的。

面對妻子，千萬不能認為「這個家都是靠我一個人養的」。

你應該認為「我讓女神過著幸福快樂的日子」才對！

然後，你要對自己說：「我這男人還挺棒的嘛。」

她有多幸福，你對自己的評價就有多高。「我讓她得到了幸福」「我要讓她過得更幸福」，這些想法會變成宇宙訂單，使你的願望成真。

還有，接下來是重點！

宇宙常常把「能量就是信任與愛」掛在嘴上，

這不光是指夫妻之間，面對孩子也是一樣的。

百分百互相信任、互相表達關愛、向宇宙祈求彼此的幸福，訂單的力量就能增加一倍，不，幾十倍都有可能！

因此，你必須向伴侶表示「我愛你」！
千萬不能怕羞，否則就太可惜了。
如果真的說不出口，
一開始可以對伴侶發出「我愛你光波」。
久而久之，
或許就能自然地脫口說出
「我愛你光波」囉！
這麼一來，就再好不過了。

女人千萬不能剝奪「男人爲了女人的幸福而打拚的機會」

另一方面，女人不能太照顧男人。

日本的女性最喜歡藉由幫助對方來提高自己的存在價值，喜歡循循善誘、改變對方，這實在太扯了！

為對方做牛做馬來討歡心，這也未免太幼稚，而且說穿了只是依賴罷了。

男人啊，是一種渴望受到信賴的生物。

而且，男人希望自己為女神所做的一切，能使女神得到真正的快樂。

沒錯，男人比女人想像中單純多了。

因此，女人要百分百信任男人。不要像個老媽子似的幫他擦屁股，**不要剝奪男人為了女人的幸福而打拚的機會。**

然後，女人要衷心感謝為妳營造幸福時光的男人。

還有呀，這年頭，大和撫子[11]已經落伍囉。

女人幹嘛要默默忍耐？

想說什麼，就大聲說出來呀。

此時要注意的是，記得從「自己」的角度出發，

「我想這樣做」「我想被這樣對待」，

千萬不要責怪對方：

「你為什麼老是那樣？」（這是大家常犯的錯誤）

再重申一次，女人越是信任男人，越讓男人覺得「我讓她

得到了幸福」，就會越珍惜妳。

11 泛指遵守三從四德、相夫教子傳統的日本女性。

28 如何斬斷量產不幸的「被虐狂生產線」

結婚一年後，我們夫妻倆背著債務生下大女兒芽芽，兩年後，二女兒小咪也出生了。

儘管債還沒還完，我的人生依然閃耀著幸福的色彩。

目前我最重要的宇宙訂單，就是跟我最愛的妻子與女兒幸福度過每一天，而我也越來越有幹勁。

我們的女兒，也學會向宇宙下訂單了。

有一天下班回家途中，我突然好想買蛋糕，於是買了個蛋糕帶回家。女兒見狀，立刻笑呵呵地說：「我剛才向宇宙先生許願喔。長大之後，我要住在糖果屋裡！」望著她天真無邪的模樣，我不禁心生感觸。

（以前，我也是這樣天真地向宇宙下訂單呢。）

有一天，全家人都睡著後，我在安靜的客廳打開罐裝啤酒，和宇宙先生聊了起來。

「小朋友眞的很懂得下宇宙訂單耶。」

「因爲他們的宇宙輸送管還亮晶晶的啊。

連聖誕老人也信。

其實，人類生來就有下訂單的能力，只是一旦家人養成一堆奇怪的口頭禪，下訂單的能力就變得越來越弱。

難得有機會從宇宙來到地球遊玩，卻越來越多人當起龜縮的家裡蹲。

以某種角度來說，這是宇宙的失策。」

「失策？」

「還不都是你們說想要多多行動，想體驗刺激感，

宇宙才爲地球準備了恐懼與悲傷，

而你們這些人，要嘛將這件事忘得一乾二淨，

要嘛被恐懼與悲傷弄得綁手綁腳，遲遲不行動，

營造一個莫名其妙的世界，甚至搞到有人自殺。

從運送訂單的我眼中看來，簡直是蠢到不行。

而小池你，就是最蠢的一個。」

「……」

「這個嘛，所謂的家庭，不僅是『愛的能量』的源頭，

而且也是爲人類植入各種常識或思考根基的禍首。

宇宙的萬事萬物，都脫離不了愛。

因此，人類無論遇到什麼慘事、無論被迫忍受什麼煎熬，都拚命想得到愛，

以某種角度來說，簡直就是打不死的小強，簡單說就是被虐狂。

如果不斷斷這個家庭所創造的被虐狂生產線，

就無法恢復原本的下訂能力。」

「原本的下訂能力？」

「只有我得到幸福，這樣好嗎？」快點戒掉當悲劇女主角的壞習慣！

剛生下來的孩子，都擁有亮晶晶的宇宙輸送管。

他們衷心相信任何願望都能實現，也百分百相信宇宙，所以無論是什麼願望，都能馬上實現。

可是，由於心思細膩，因此也對家裡面的能量非常敏銳。

尤其人類的小孩，又無法獨自生存。

因此，他們會對母親的思緒特別敏感。

這將成為他們來到地球後首度感覺到的恐懼或不安，他們能一眼看穿家裡欠缺什麼，也能看穿母親需要子女扮演什麼角色，並在自己的人生 RPG 遊戲[12]前情提要中寫入這段設定，然後照著劇本走。

明明只要享受地球的遊戲就好，卻開始將母親的幸福放在第一位，拚命想達成母親的期望。

結果，導致他們誤以為母親笑不出來都是自己的錯，責怪自己違背母親的期望，誤以為母親不愛自己。

接著，他們會以為自己是無法讓母親幸福的窩囊廢，開始養成一些負面口頭禪。

如此這般，宇宙輸送管就這樣逐漸堵塞，訂單無法實現，於是負面口頭禪越說越多，也越來越貶低自己。

這就是被虐狂生產線。

不過啊。

拜託你們仔細想想好嗎？

把母親的不悅、不幸、負面情緒全當成自己的錯，也未免太愚蠢了吧！

而做父母的人，只因為自己的訂單沒有實現，就拿小孩出氣，想要小孩替自己實現訂單，也實在很厚臉皮。

母親有母親自己的人生。

父親有父親自己的人生。

你有你自己的人生。

你的小孩，也有他自己的人生。

誰日子過得不好，是因為他向宇宙下了那樣的訂單，是他自己的選擇。無論當事者過得多麼辛苦與淒慘，也是他自找的。

小池起初也是到處欠錢，跟白痴一樣垂著鼻涕大哭，但現在也清楚知道那是自己的訂單了，對吧？

沒錯，每個人都有自己的宇宙，只要盡情享受自己的宇宙就好。

你管別人的宇宙幹嘛，住海邊喔？

不管面對父母或是小孩，都是一樣的。

母親的不幸就交給母親處理，小孩的幸福就由小孩自己選擇。**相信對方「有能力使他自己的宇宙變好」，才是真正的愛。**

唯有面對自己的宇宙，需要負起全責。

你唯一能改變的，只有自己的宇宙。

因此，不要把管子堵塞的過錯，推到別人頭上。

無論你有什麼理由，如果想恢復人類原有的下訂能力，只能運用奇蹟口頭禪淨化輸送管，使之復甦。

此外，**若你想讓小孩的人生無比幸福，只要讓他看看你不斷實現願望的幸福姿態就好。**

像個孩子般許願，像個孩子般接納一切。

光是這樣，就能斬斷家庭多年傳承的負債口頭禪，以及被虐狂生產線。

相較於外人，家人之間的宇宙連結得比較緊密，因此只要一個人的宇宙產生改變，很可能整個家的宇宙都隨之變化。

因此，不應該問自己「只有我得到幸福，這樣好嗎？」，而是應該由你先得到幸福。

察覺宇宙真理的人，必須先帶頭改變！

12 角色扮演遊戲（Role-Playing Game，簡稱 RPG）是一種遊戲類型，在遊戲中，玩家扮演虛擬世界中的一個或多個角色進行遊戲，透過操控遊戲角色與敵人戰鬥，提升等級、收集裝備和完成遊戲設定的任務。

被虐狂
生產線
新鮮第一
我好不幸喔♥
反正我就是沒用啦♥
我家好窮喔♥
快點快點!!

29 注意囉，「只有〇〇的人才能得到幸福」的時代，來臨了！

「總覺得，人類的心思好細膩喔。」

「這個嘛，父母傳承給小孩的經驗或想法，也就是常識或根基，原本是漫長歷史中一點一滴所累積的智慧，爲的是避免來地球遊玩的軀體毀壞。」

「智慧啊……」

「地球現在開始兩極化了。換句話說，以前的老方法已經不適用了。」

「兩極化？」

「對。因爲人類的悲劇連鎖效應停不下來，奇蹟訂單完全送不出去，於是宇宙開始修正系統，使願望能更輕易實現。從現在起，只有幸福的人能過得幸福。」

「咦？不幸的人沒辦法得到幸福嗎？」

「正確說來，是『覺得自己很不幸，整天說些負面口頭禪的人』。幸福的人看到什麼都覺得幸福，而不幸的人只會越來越不幸。」

「噫噫噫噫噫！那怎麼辦？怎麼辦？」

「你啊，眞是死性不改，衰鬼化成灰都是衰鬼。

你不是已經戒掉不幸口頭禪了嗎？

想走回頭路是不是？笨蛋！」

「啊……這樣啊。」

「『啊……這樣啊』個頭啦！

說過幾百次了！只要全部的人類都改變口頭禪，訂製奇蹟不就好了嗎！」

「對喔，宇宙的奇蹟沒有數額限制嘛。」

有一天。

我在一家百貨公司前面停下腳步。

上面陳列著一雙勞力士對表。

「等我還完債，一定要買這個。」

「喂，小池！」

「啊，宇宙先生。怎麼了？」

「你剛剛是不是說『等我還完債，一定要買這個』？」

「對啊，沒錯。」

「我就說你笨蛋嘛！」

「咦？」

「現在就買！」

「咦？什、麼！」

「馬上！快！」

「爲什麼？

不能當成還完債的獎勵嗎？」

「不行啊。」

「爲什麼？」

「還問我爲什麼。

你絕對不能認為『我現在沒錢』！

我有錢，我錢多的是！

要這樣想才對！」

「沒錢也一樣？」

「一樣！

錢要多少有多少！

多到淹死你！」

看到想要的東西，就說「我錢多的是！」

如果你想當有錢人，就裝成有錢人。如果想跟最棒的對象結婚，就假裝今天你會遇到了真命天子（女）。

地球上有很多書都強調「想變成什麼人，就裝成什麼樣子，裝久了願望就實現了」，這是真的。

但是，了解原理的人並不多。

假裝已經變成理想中的自己，或是假裝已經得到想要的東西，其實是一種強大的宇宙訂單。

小池所看到的勞力士，也是一樣的。

假如他心想：「等我把債都還光，身分地位都配得上那對表，到時再來買。」

那麼，不管等多久都達不到目標。

不然，就是得花上大把時間才能達成。

換個角度，想成「我要買勞力士，才能配得上勞力士」，那就不一樣了。

實際購買勞力士，加上天天看得見勞力士，才能更具體地想像：那個配得上勞力士的自己，究竟是什麼模樣。此外，將「我買了勞力士」「我買了勞力士」掛在嘴上，也能加強宇宙訂單的能量。

所以，千萬不能說：

「我想要勞力士！」「總有一天，我要買勞力士！」

而是就算有點打腫臉充胖子，也要說得出：

「我買了勞力士！」

語言的力量是很強大的。你的狀況會逐漸追上說過的話，賺進買得起勞力士的錢。

還有，如果想賺進更多錢，就將「我錢多的是！」掛在嘴上，時時找證據為此言背書，建立關連。比如，「今天我三餐不缺」、「我付了這個月的房租」，所以「我錢多的是」。

我說過，宇宙無法判別善惡，也無法區分事實與非事實。因此，只要裝得夠像，久了就會變成真的。

30 塞翁失馬，焉知非福，不要輕易下定論

在那之後，又過了幾天。

店裡沒客人，於是我邊掃地邊說著「謝謝」，此時宇宙先生現身了。

「喂，小池！」

「哇！你又突然冒出來了！」

「現在去買車！」

「啥？車？」

「對。你不是說想換掉小客車，改開箱型車嗎？」

「說是說過啦，可是也不用急著現在買吧？」

「要買就趕快買啊！

下星期開車兜風前買起來！

不然就憑你那輛車，要我坐哪裡啊！」

「你……你又來了！你想跟來兜風？」

「廢話少說，快去買！」

我被宇宙先生趕到店外，於是打電話給妻子說：「我現在要去買車喔。」她大吃一驚，說道：「你怎麼講得好像要去買蘿蔔一樣！」不過，她也覺得這件事一定有意義，所以我倆決定去前幾天在網路上找到的中古車經銷商瞧瞧。

我開上高速公路，一路向前。

下了仙台的某個交流道，就能在附近找到一家中古車經銷商，那裡有一輛我想要的車（要價六十萬）。到了那兒一看，今天居然休假！門上貼著一張紙，寫著：本日爲一年一度的員工進修，暫停營業。

「天啊！一年三百六十五天，爲什麼偏偏挑今天店休？」

我大受打擊，狠狠瞪了宇宙先生一眼，他卻浮在空中啦啦啦地哼著歌。

看了他這德行，我實在不甘心空手而歸，於是大聲宣告：

「我今天絕對要買車！」

我快速地調查了附近的店家，決定去廠商直營的門市瞧瞧。

「歡迎光臨！」

一名看起來很像菜鳥的年輕店員走了出來。

「請讓我看看官網上的那台車。如果方便的話，我想用現在開的車舊換新，所以請幫我鑑定。」

「咦？鑑定嗎？」

「對！鑑定師在嗎？」

「在，就是我。可是，我沒有鑑定過耶。」

「咦！可是，你不是負責鑑定嗎？」

「對啊，沒錯。」

「那就麻煩你鑑定了！

能不能幫我鑑定，然後估價？」

「咦？估價嗎？」

「對。」

「估價，我沒估價過耶」

「咦，沒估價過？可是，你不是負責這部分嗎？」

「對啊，沒錯。」

「那、那就麻煩你估價了。」

「嗯……好，那我打電話跟部長邊討論邊估價，請稍等喔。」

（沒問題吧？）

約莫兩、三分鐘後，他回來了。

「鑑定結果是零元喔。」

「咦咦咦？可是，我的車檢有效期間還剩下整整兩年耶。這部分不能幫我加點價嗎？」

他搔搔頭，理直氣壯地說：

「可是就零元啊。」

「有、有這種事？」

「話說回來，你怎麼過來的？」

「咦？我走高速公路過來的……」

「咦？爲什麼走高速公路？

其實，不走高速公路反而比較快耶。」

「呃，可是……」

「幹嘛走高速公路？換成是我，才不走高速公路呢！」

「啥？」

「你看，這根本是繞遠路嘛！」

「……」

我們兩個簡直雞同鴨講，扯了老半天，而宇宙先生則一臉賊笑地看著我，彷佛在看好戲。

（這個人怎麼這樣呀！整我嗎？）

「喂！你幹嘛整我！

都是你說想兜風，我才來買車的，

你卻一直找我麻煩！」

「我哪有找麻煩啊！」

「故意找那種奇怪的店員出來整我，

還說不是找麻煩！」

「你說什麼！死小池！

廢話一大堆，還不快給我行動！」

「我行動了啊，看看我得到什麼下場！」

「事情還沒辦完，不要急著下定論行不行！

臭小池，囂張個什麼勁啦！」

多虧宇宙先生一番惡整，我更覺得不能空手而歸了。我坐進車裡，用智慧型手機重新查詢附近的中古車行。

「不用急著今天買車吧？」妻子說。

「不，買不買車不是重點，我非去不可。

我想接受正常的服務。

我要讓對方好好估價，然後說『我再考慮看看』才回家。

我想接受良好的服務啊。」

語畢，我們前往第三家經銷商。

一名沉穩又禮貌周到的中年店員出來迎接我們。

「我想用 Honda 的 Life 舊換新，買一臺 Odyssey。」

我說想看看 Odyssey，也想請店員幫我估價，看能不能舊換新。

「這臺 Life 是什麼等級？」

「等級？呃，我不知道耶。」

「這樣啊。其實像 Life 這款車，我們銷售員也無法一眼就看出等級。您是在哪裡買的？」

「○×的汽車販售部。」

「喔，那邊有一位K先生，他們也從我們家進了很多車呢。」

「咦？K先生？K先生是我學長，我就是向他買車的！」

「這樣啊？好，那這一定是我們家的車。

我去查個資料幫您鑑定，請稍等一下喔。」

（這是怎樣，也太順利了吧！）

過了半晌，店員回來了。

「小池先生，這臺車其實是限定車款喔！車檢也才剛通過，我們願意用十萬元買下來。」

「咦！真的嗎！我只要再補十萬，就能買你們店裡的Odyssey了吧？而且保固十二個月，對吧？」

「咦？保固十二個月？」

店員偏偏頭。

「對呀，你們官網是這麼寫的。」

經我一說，店員馬上進辦公室查詢，接著回來告訴我：

「啊，這是官網寫錯了。不好意思，保固是六個月才對。」

「這樣啊」

「唉，不過這是我們的失誤，我去問一下所長。」

店員暫時離席，進去所長室片刻，然後又回來。

「由於我們官網誤植爲十二個月，所以這次爲您提供十二個月保固。畢竟 Life 原本就是我們家的車，應該很快就能賣出去了。還有，Odyssey 我們會先驗車再交給您，也會幫您換正時皮帶 (Timing belt)。」

「眞、眞的嗎？」

上一家店發生莫名其妙的鳥事，現在卻恰恰相反，幸運得不得了。

不用說，我當然是一口答應。

在回程的車上，我妻子說了這麼一段話。

「如果第一家店沒有休假，

第二家店沒有那個瞎聊高速公路的年輕店員，

我們就不會遇到這種好事了。

孩子的爸，真是太好了。」

「真的耶，幸好幸好。」

我望向後照鏡，只見宇宙先生滿臉賊笑地坐在後座。

（不會吧！特地繞了這麼一大圈……）

當晚，我試探性地詢問宇宙先生。

「今天那三家店的事情，該不會是你設計的吧？」

「什麼設計，講那麼難聽，要說是『宇宙的安排』。」

「可是，要是我中途放棄跑回家，不就買不成車了？」

「對，一點也沒錯！」

○月×日(四)
宇宙級大師——宇宙先生的第14課
值日生(永遠都是小池)

別說「天有不測風雲」，要說「天有不測陽光」！

只要向宇宙下訂單，宇宙一定會為你想出最戲劇化的情節，逐步實現願望。

這一點，我已經強調過很多次了。

下了訂單，就照著提示行動就好。

日本從以前就有很多諺語，有些諺語肯定訂單，有些則否定訂單。

比如「有一就有二，有二就有三」跟「無三不成禮」。

下了訂單卻不順利時，你的看法將決定一切。

下了訂單後，假如連續兩次都不順利，你是要想著「有一就有二，有二就有三」，灰心喪志？

還是要心想「無三不成禮」，更積極採取行動？
你的看法，將大大影響訂單的成功率。

有些人說「天有不測風雲」，
但是**你聽好了，應該是「天有不測陽光」**才對。
無論你現在是多麼悽慘落魄，都可能在下一刻遇見奇蹟。
不過！心誠則靈，心不誠則不靈喔。

31 終極入帳口頭禪，加快你的賺錢速度！

有一天，我出差去東京參加心理學講座，打算在百貨公司買伴手禮給妻子跟女兒。

那時，我看到了前陣子就想買的保羅．史密斯 (Paul Smith) 錢包。宇宙先生忽然冒出來，對我說道：

「喂，小池！那個，買那個！」

「咦？買這個錢包？」

「對，就是那個。

擁有自己最想要的錢包，有助於吸引財源。

我說過很多次了，金錢也是一種能量，能量體在宇宙中是彼此相連的。」

「咦？金錢也是？」

「那還用說。

而且，金錢之間常交換資訊。」

「咦？金錢彼此交換資訊？」

「對。因此，如果不用金錢喜歡的方式對待金錢，金錢就會離開，再也不回來。

金錢是愛與信任的能量，所以它們喜歡滿面笑容、開心花錢的人，也喜歡賺到錢時發自內心喜悅的人。

此外，它們會回到喜歡的錢包懷裡。爲金錢打造一個整齊清爽的環境，才能使金錢循環不息。

在金錢社群裡，它們都聊著這些話題。」

「那邊的錢包怎麼樣？」

「很髒，勸你最好別去。」

「那邊的錢包怎麼樣？」

「錢包的主人好像很小氣，

他不喜歡花錢，我在那邊待到快發霉了。」
「是喔，那我還是別去好了。」
「我打死都不要回去那邊。」

「欸，有沒有什麼好錢包呀？」
「我剛剛待過的那個錢包很棒喔，主人會笑呵呵地出來迎接我，錢包也很乾淨整齊，而且他還會爽快地送我出去。」
「我也想去那裡看看！」
「好啊，那下次我們一起去吧。」
「原來如此。原來金錢之間也會聊天啊。」
我逕自拿起保羅．史密斯的錢包，接著拿起妻子想要的 COACH 錢包，去櫃檯結帳。

從那天起，我會幫錢包上油、整理紙鈔，隨時注意維持錢包的乾淨整潔。

過了一陣子，有一天我在清點收銀機時，宇宙先生冒出來說道：

「喂，小池。

我來教你**終極入帳口頭禪**，

讓你早點把債還清！」

「咦咦咦！拜託你趕快教我！我什麼都願意做！」

一天說十次：「我付得起，我超強！」

現在我就教你終極入帳口頭禪。

當你支付每月帳單或花錢時，

大喊：「我付得起，我超強！」

這個嘛，這句話配小池這被虐狂是怪怪的，但這句話是最有效的。

因為這表示信任（付得起錢的）自己，也信任宇宙。

然後，付錢時一定要說這句話！

「謝謝。慢走。記得帶朋友回來喔。」

還有另一點！

錢賺進來時，必須仔細地一張一張點鈔，

一邊說：「歡迎回來。謝謝。我愛你。」
金錢就會覺得很開心，一一聚集到你身邊！
如果覺得我亂說，就試試看吧！

32 這一天終於來了！兩千萬債務，還清！

從那天起，無論支付的金額多麼小，

我都會說：「我付得起，我超強！」

無論我買什麼，

都會說：「謝謝！記得帶朋友回來喔。」

每天清點收銀機時，

我會說：「歡迎回來，謝謝，我愛你。」來迎接金錢，

一邊享受提前還款的快感。

在路上看見相同數字的車牌號碼時、看見粉紅色的豐田皇冠汽車時、剛好遇到綠燈時，我都會立刻說出：「讚啦！我的願望要實現了！」

就這樣，那一天終於來臨。

小池：「準備好了嗎？ＯＫ嗎？」

妻子：「嗯。」

（宇宙先生：「ＯＫ！」）

大女兒：「你們要去哪裡？」

小池：「我們要去一個很棒的地方！」

二女兒：「我也要去！我也要去！」

自從宇宙先生現身，我下了「還清債務」的訂單，算算也過了九年。最後的還款日，比預定日期還早一年到來。

我們小池家一家四口，一同前往日本政策金融公庫（以前的國金），開心得活像要去郊遊似的。

一路上嘻嘻哈哈，好不熱鬧。

時機終於到了！

最後的二十一萬二三八九圓。

當我把錢交給國金的人那一刻，我大叫一聲，雙手高舉握拳！大聲吶喊！

我是很想這麼做啦，但旁邊還有很多客人，氣氛也很嚴肅，所以我只在心裡小小地比了個「YES！」。

結束後，我們全家直奔壽司店。

妻子：「終於結束了。」

小池：「結束了！」

（宇宙先生：「終於結束啦。」）

妻子：「辛苦了。」

小池：「謝謝！」

（宇宙先生：「哼，沒什麼，小事一樁啦。」）

「哎呀，我們小池家，眞的太幸福了。」

我對妻子這樣說著，然後望向浮在空中的那三人。

不料，女兒卻轉向我注視的方向，說出這麼一句話。

「對了！把拔！芽芽啊，

人家以前跟小咪一起浮在空中喔！」

「喔？這樣啊。」

「然後呀，我們選了把拔跟媽咪，對神明說

『我們決定在那個把拔跟媽咪的家出生』，

所以才會來我們家喔！」

「這樣呀？

……我這個人，真是太幸福了。」

欸!!
小哥!!
我都聽說囉!!
聽說你中樂透,
要開慶祝會是吧!!
!

【尾聲】

未來早已註定

當晚，當全家人都熟睡後，我去冰箱拿出特別珍藏的那東西。噗哧！

「嗯？奇怪。小池，那不是氣泡酒嗎？」

「沒錯，今天我想用這個乾杯。」

「哈哈！你也跟宇宙一樣，越來越喜歡戲劇化啦！」

我跟宇宙先生靜靜乾杯。

「如果當時宇宙先生沒有從蓮蓬頭冒出來，

對我說『別放棄人生』，

我要嘛宣告破產，要嘛已經死了。

就因爲我當時沒有放棄，

就因爲宇宙先生用魔鬼訓練教導我別放棄，
才有現在的我。
眞的、眞的、眞的很謝謝你。
還有……
眞的很謝謝你信任我。
你讓我遇見全世界最好的老婆，
還將女兒們帶來我身邊，
眞的、眞的、眞的非常謝謝你。
現在的我，眞的很幸福。」

「哈哈，幹嘛這麼正經八百的。
這下子，你總算知道我有多偉大了吧。
不過咧，我要告訴你一件事。

對你說『別放棄』的人，不是我喔。」

「咦？」

「那不是我。

而是現在的你喔。」

「什、什麼意思？」

「好，爲了慶祝還清債務，

我就來告訴你最神奇的宇宙系統吧。

其實呢，你們以爲時間是從過去流向未來，

但宇宙並沒有時間的概念。

硬要說的話，**比較像是從未來流向過去。」**

「從未來流向過去？」

「你知道這個時間點的你會還清債務，

所以才特地向過去的你發送訊息啦。」

「咦咦咦？向過去的我發送訊息？

這種事有可能嗎？」

「這還用問嗎！

不然，你說爲什麼我會在

過去、現在跟未來之間穿梭，

幫你擦屁股啊。」

「咦咦咦？宇宙先生，你在過去、現在跟未來之間穿梭？」

「對啊。」

「咦，意思是說，你知道我的未來囉？

你知道我會還清債務？

也知道接下來會發生什麼事？」

「知道啊，幹嘛？」

「呃，我十年後變成什麼樣子？」

「你白痴喔！
你就是爲了體驗那些才來地球玩的，
要是我告訴你，不就不好玩了嗎？幹嘛作弊啊。」
「……」

「如果你非知道不可，就**捕捉未來的自己所發送的訊息吧**。」
「未來的自己所發送的訊息？」
「沒錯。這是宇宙所給予的最佳提示。
而現在的你，也必須不斷向過去的自己發送提示。
記得附上愛與信任喔。
來，向過去的自己發送訊息吧。」
「咦？我辦得到嗎？」
「就是現在的你才辦得到啊！你已經還清債務了，
所以能傳送訊息給過去的那小子。

我明明從小池小時候就一直告訴他，
宇宙能夠實現願望，
而那小子卻中途忘記了。
他輸給了社會的思考框架，以為人不可能聽得見宇宙的聲音，
才會搞得宇宙輸送管破破爛爛，欠下一屁股債。
只要現在的你，向宇宙下訂單、還清債務的你對他一喊，
他一定會回應的！
再說，如果過去的你放棄還錢，現在的你就慘了吧？」
「是啊！那當然！」
「好，如果現在的你，遇見九年前的你呢？
面對那個鬼哭鬼叫、快要死掉的小池，你會怎麼做？」
「怎麼做……
既然我知道現在的自己已還清債務，
也過得很幸福，

當然會阻止他自殺或失蹤囉。」

「對吧？好，那就去阻止吧。」

「咦？該怎麼阻止？」

「時間是從未來流向過去的。

換句話說，未來的聲音，當然能傳送到過去。

過去是可以改變的啦。

所以，你就對著過去呼喊吧！」

「別放棄，別放棄。

現在千萬不能放棄啊。

因爲，你一定能得到幸福的。

未來的你真的很幸福，

而且會很感謝過去這個努力打拚的你喔。」

「所以求求你，別放棄。

千萬不要放棄。」

「好啦，那我去教育過去的小池囉！

下次見唷，小池。」

語畢，宇宙先生鑽進蓮蓬頭，消失無蹤。

【後記】

各位都看過這種電視廣告吧？

「把多付的錢收回來，現在馬上撥打電話！」

我一聽到這句話，立刻眼睛一亮。十二年前，當時我欠下的兩千萬債務中，有六百萬是高利貸，我甚至還覺得：「這廣告根本是爲我量身打造嘛！」不久，我馬上衝到律師事務所。

「好的，請告訴我，您在哪些地方借了多少錢。請說出金額與金融機構的名稱。」

「是，我在A錢莊借了兩百五十萬。」

「咦？A錢莊！唉，那是最借不得的地方啊！還有呢？」

「是，我在B錢莊借了一百五十萬。」

「咦？B錢莊！唉，那是最借不得的地方啊！還有呢？」
（兩家都是最借不得的地方，是怎樣啊。）
「是、是的，我在C錢莊借了一百五十萬，在D錢莊借了五十萬……」
「……唉，小池先生，
我說啊，你去的全都是最借不得的地方耶。
很抱歉，你的錢是拿不回來了。」
「不會吧！！！」

我跑了四家律師事務所，每個人都跟我說了類似的話。
我完全沒有因爲錢拿不回來而失望，反而覺得「過去的我眞是不簡單」。連律師都束手無策，我卻沒有被高利貸的利息打垮，活著把債還清，因此我不禁覺得：我這個人眞可靠。
在此，我想鄭重對過去的自己說：「謝謝你撐了過來。」
如果過去沒有債臺高築，絕對不會有今天的我。

四面楚歌、走投無路時，我心想：

「管他是看不見的力量還是什麼力量，只要能帶我走向幸福，我什麼都做！」

此時，我聽見了宇宙先生的聲音。

「我絕對要爲自己打造幸福！」

立下決心後，宇宙先生便源源不絕地給我提示，彷彿等我這句話等了好久。

我想向大家分享這些「提示」，於是這本書就誕生了。

畢竟，連我這個「小池」都能辦到，相信各位讀者一定也能夠扭轉人生。

大家心裡可能有很多疑問，我先來爆幾個料。

本書所寫到的插曲，例如，抱著貓的大嬸（她聽了會想打死我，還是叫她阿福太太好了。）、閒置帳戶突然冒出幾萬塊的意外之財、在山上找到披肩、爲了買車而跑了好幾家車行……等出現在書中的內容，全部都是眞實發生的事情（抱著貓的大嬸……不，「阿福太太」，到現在我也還在找她呢）。

我的肉眼看不見「宇宙先生」，只聽得見很嗆的聲音，所以就請插畫家將我腦海裡的想像，畫成一個角色。爲我跟妻子牽線的「小緣」、告訴我披肩掉在哪裡「烏鴉天狗」，都是我藉由聲音想像出來的角色！

「宇宙先生」「小緣」「烏鴉天狗」，用一句超超簡單的話說來，各位可以把他們當成一種從天而降的「**第六感**」。有些人聽了「從天而降」這四個字會覺得我怪怪的，不過我已經很習慣被當成怪咖了，沒關係（笑）。

我希望各位能了解這些角色在現實中引發了什麼樣的奇蹟，並希望各位也能想想：「或許第六感很重要喔。小池也是藉由第六感，才能還清債務、逆轉人生吧？」因此，我才決定用這種形式來表達「**宇宙傳來的聲音**」。

現在，我依然向宇宙下訂單許願、向宇宙問問題，並接受宇宙給予的提示。我經常在早上慢跑時收到提示，一旦得到提示，我就會馬上行動。這已經變成我生活的一部分了。

每一天，我都會自然地說出「謝謝」「我愛你」，心中也充滿了「謝謝」「我愛你」。

因此，每一天，我都會遇到令人想說出「謝謝」「我愛你」的好事。

善加運用語言的力量，你的思考根基跟「生活」都會隨之改變，人生也會開始翻轉。所以，我想讓各位知道改變口頭禪的重要性——不，應該說，我誠心想讓各位知道，改變口頭禪能帶來多少「好康」。

啊，宇宙先生好像說話了。

「安啦，我不是說不用擔心嗎！人生這玩意啊，根本沒什麼好怕的啦！」

哎呀，果然夠嗆。不過，他說的是真的。放心吧。

人生下來就是為了得到幸福；換句話說，我們在出生前已將結局設定為「幸福」，而這一生只是在享受「行動」帶來的樂趣罷了。我們的軀體就是用來接納幸福的，所以完全不需要害怕。

「宇宙不會有事，所以我沒事！」

請各位務必默念這句話。

將這句話養成口頭禪，每天默念，就能改變「人生遊戲」的設定。人生的難易度要設成等級一或是等級五，端看每個人的選擇。

（真希望能讓過世的父親，瞧瞧我無債一身輕、打從心底開心享受人生的模樣。不，我想，他一定正從宇宙看著我！）

這是寫完本書後，我腦中浮現的第一個感想。我的父母始終非常關心我，給予我許多鼓勵，我衷心感謝他們兩老。

此外，我也衷心感謝對背債的我不離不棄、選擇我當人生伴侶的妻子，以及開心地在一旁支持我的女兒們。誠心感謝妳們。接下來，我們會變得更加幸福喔！今後也多多指教囉。

這回多虧各方人士的關照，才能讓宇宙先生所教導的法則，以書本的形式來面世。

將我的想像成功畫成漫畫人物的插畫家 ABENAOMI 小姐、將許多插曲編寫得超級簡單易懂的作家 MARU 先生、SUNMARK 出版社的橋口英惠小姐，以及諸多未曾謀面和本書相關人員，多虧各位的幫忙，才能做出這麼棒的「虐待狂之書」，我只能感謝、再感謝！

「謝謝！我愛你們！」

最後，我要向宇宙下訂單，祈求各位讀者幸福，並送上我愛你光波！

我愛你！（光波）

小池浩

memo

memo

memo

memo

memo

國家圖書館出版品預行編目(CIP)資料

從負債2000萬到心想事成每一天：15個實現願望的口頭禪,符合宇宙法則、越說越好運! / 小池浩 (Koike Hiroshi) 著；林佩瑾譯. -- 初版. --
新北市：李茲文化, 2020. 01
面；公分

ISBN 978-986-96595-7-4（平裝）

1. 成功法　2. 自我實現

177.2　　108020453

從負債2000萬到心想事成每一天：
15個實現願望的口頭禪，符合宇宙法則、越說越好運！

作　　者：小池浩 (Koike Hiroshi)
譯　　者：林佩瑾
責任編輯：莊碧娟
主　　編：莊碧娟
總 編 輯：吳玟琪

出　　版：李茲文化有限公司
電　　話：+(886) 2 86672245
傳　　真：+(886) 2 86672243
E-Mail: contact@leeds-global.com.tw
網　　站：http://www.leeds-global.com.tw/
郵寄地址：23199 新店郵局第 9-53 號信箱
P. O. Box 9-53 Sindian Taipei County 23199 Taiwan (R. O. C.)

定　　價：320 元
出版日期：2020 年 1 月 1 日 初版
2024 年 5 月 31 日 三十刷

總 經 銷：創智文化有限公司
地　　址：新北市土城區忠承路 89 號 6 樓
電　　話：(02) 2268-3489
傳　　真：(02) 2269-6560
網　　站：www.booknews.com.tw

Change & Transform

想 改 變 世 界 · 先 改 變 自 己

Change & Transform

想 改 變 世 界 · 先 改 變 自 己